BIBLIOTECA DE DERECHO PRIVADO

Lex

LAS OBLIGACIONES PRECONTRACTUALES

Ediciones Olejnik

Biblioteca de Derecho Privado

Enrico del Prato
(Director)

Carlos Antonio Agurto Gonzáles
Sonia Lidia Quequejana Mamani
Luis Alejandro Luján Sandoval
Edmundo Trujillo Blas
Benigno Choque Cuenca
(Coordinadores Generales)

Arthur Hilsenrad
Laureado de la Facultad de Derecho de París,
Abogado en Budapest, Etc.

LAS OBLIGACIONES PRECONTRACTUALES

Prólogo de
René Demogue
Facultad de Derecho de París,
Director de la "Revue Trimestrielle de Droit Civil", Etc.

Traducción del Francés por
Faustino Menéndez Pidal
Juez de Primera Instancia e Instrucción,
Colaborador de la
"Revue Trimestrielle de Droit Civil", de París.

Ediciones Olejnik

Título: Las obligaciones precontractuales

Edición: 2019

Ediciones Olejnik
Huérfanos 611, Santiago-Chile
E-mail: contacto@edicionesolejnik.com
Web site: http://www.edicionesolejnik.com

ISBN: 978-956-392-198-4

Diseño de carátula: Ena Zuñiga

Diagramación: Hayden Méndez, yiset_mendez@hotmail.com

Impreso en Argentina 2019 Printed in Argentina

Índice

SECCION SEGUNDA

AUSENCIA DE ESTIPULACIÓN EXPRESA DE RESPONSABILIDAD O NO RESPONSABILIDAD

CAPÍTULO II

EL FUNDAMENTO Y LA NATURALEZA JURÍDICA DE LA OBLIGACIÓN PRECONTRACTUAL: SUS EFECTOS

LAS TEORÍAS QUE DAN A LA RESPONSABILIDAD PRECONTRACTUAL UN CARÁCTER CONVENCIONAL

SECCION TERCERA

LA FUENTE DE LA RESPONSABILIDAD PRECONTRACTUAL SE ENCUENTRA EN LA NOCIÓN DE BUENA FE, EN LA EQUIDAD O EN LA CONSAGRACIÓN POR LOS USOS

Segunda parte
Estudio práctico
Título primero

Capítulo primero
La venta y negocios análogos

Capítulo II
De la empresa y arrendamiento de obra

Capítulo III
De los casos que pueden presentarse en el curso de la preparación de otros contratos

Título II
Los accidentes que pueden tener lugar durante la preparación de un contrato
Capítulo primero

Seccion primera
Accidente causado en el curso del ensayo de un animal

Seccion segunda

Capímtulo II
De otros accidentes que pueden tener lugar durante la preparación de un contrato

Prólogo

El Derecho de las obligaciones, tal como se deriva de los grandes tratados de Derecho civil, analiza finamente un gran número de nociones generales. Mas en la vida práctica aparecen complejidades que frecuentemente quedan un poco en sombra.

Si el contrato se muestra, en su esencia, obra de las voluntades de las partes, el Juez puede excepcionalmente ser llamado a colaborar. Cuando se trata de la ejecución de las convenciones, esta colaboración del Magistrado aparece igualmente algunas veces. También ocurre con frecuencia que acreedor y deudor deben de trabajar combinados, para que una de las prestaciones pueda ser suministrada, de suerte que no se trata para el deudor de una acción aislada, sino de cooperación. De la misma manera, los contratos no son siempre concluidos aisladamente.

A menudo el mismo instrumento contiene varios actos: un arrendamiento y una promesa de venta, un contrato matrimonial y una donación. Se trata de determinar cuál es la fuerza del vínculo que los une, si llega hasta la indivisibilidad, de manera que los acontecimientos que influyen sobre uno se reflejan sobre el otro.

Este es uno de los puntos complejos que constituye el objeto del estudio que Hilsenrad publica hoy. Si la formación de los contratos ha sido examinada en monografías bien conocidas, sobre los cambios de correspondencia que puede provocar, la cuestión relativa a las operaciones materiales, a pesar de su importancia, siempre fue un poco abandonada. Sin duda, de antiguo nos viene, que los caballos sean ensayados antes de comprarlos y que se pidan presupuestos a los empresarios antes de encargar un trabajo. Pero hoy más que antes se efectúan gastos en vista de la preparación del contrato. Advertidos de la existencia de un yacimiento minero, los financieros envían expertos para comprobar su existencia, y la probabilidad de una explotación remuneratoria antes de iniciar la constitución de cierta Sociedad por acciones. Se trata de hacer experiencias antes de pasar a la venta de una patente de invención. A veces, simplemente, una persona que desea adquirir un automóvil pretende ensayarlo, en compañía del vendedor, y un accidente sobreviene, del cual son víctimas las personas transportadas o un tercero.

Sobre los diversos puntos que la práctica ha tenido ocasión de examinar, el mérito del autor consiste, ante todo, en aportar el cuadro completo de la jurisprudencia, clasificada de una manera metódica y clara. Este aspecto documental será apreciado por quienes se ocupen de dichas cuestiones ante los Tribunales o por quienes reflexionen sobre las responsabilidades pecuniarias, que pueden nacer cuando comienzan ciertos tratos importantes. Pero Hilsenrad no se limita a eso. Cuida de confrontar los hechos particulares con las ideas, generales. Examina en la primera parte las opiniones de los autores más reputados, sobre la responsabilidad precontractual. Sólo después del estudio de la jurisprudencia es cuando concreta una opinión definitiva, dando así prueba de extremada prudencia. No demuestra menos moderación en su exposición final. Su espíritu, ya formado en la necesidad de tener en cuenta intereses divergentes, le empuja a preocuparse más bien de la utilidad práctica que de la seducción que presente un sistema unitario a toda costa. Así, su trabajo, desde cualquier punto de vista, será considerado como una útil monografía.

París, 18 mayo 1932.
René. Demogue.

Introducción

1. El contrato es el instrumento jurídico por excelencia en la vida de los negocios. En todas las ramas de la actividad económica nos encontramos siempre con el contrato, bajo los nombres más diversos. La vida económica, imagen de la interdependencia de los individuos, se forma mediante una serie de acuerdos, promesas de cambio, comunidades y explotaciones.

El contrato, que se ha definido como un acuerdo de voluntades, que crea un vínculo obligacional entre aquellos que lo han querido, tiene, pues, necesidad del concurso de estas voluntades. Las partes, en el contrato, consienten en que se realice aquello que constituye su objeto; dicho consentimiento claramente expresa y determina el momento, en que nace el contrato definitivo.

La gran importancia jurídica del consentimiento y la certeza de que obliga, determinan a las partes, a tomar las más grandes precauciones, a reflexionar ampliamente, antes de pronunciarse por la aceptación de un contrato. Esta reflexión ofrece gran interés para quienes desean concluir el negocio propuesto; obliga a las partes a examinar en detalle las proposiciones, a proponer modificaciones y condiciones diferentes. Las conversaciones que así preceden a la conclusión de un contrato, mediante la emisión del consentimiento definitivo, constituyen la fase preparatoria del mismo, la fase preliminar.

Las conversaciones preliminares tienen por objeto preparar el consentimiento de las partes para la conclusión del contrato. Se puede decir, que ocupan el lugar principal en la preparación del contrato. Comienza la fase preliminar del contrato desde el momento en que las partes se ponen en relación, iniciando sus conversaciones, con objeto de llegar a la conclusión efectiva del mismo. Es en ella cuando se decide la suerte del contrato: la parte que ha propuesto el negocio desea obtener el consentimiento de la otra y, para conseguirlo, trata de persuadirla.

El período preparatorio algunas veces es muy corto: Entro en una tienda para comprar un objeto; el vendedor hará por convencerme de que el objeto que posee me conviene. En otras ocasiones, por el contrario, los preliminares son más largos. Deseo adquirir una finca, y para ello efectúo investigaciones importantes, con objeto de conocer todos los detalles del inmueble propuesto por el vendedor. En fin, también puede ocurrir que los preliminares sean aún más largos y complicados. Se trata de un contrato importante y complejo, de montar un amplio negocio, una Sociedad para explotar un producto químico, por ejemplo, y entonces, además de buscar el consentimiento de los interesados, es preciso realizar ensayos, análisis, investigaciones, etc.

Mas los intereses económicos comprometidos en un negocio son considerables, y por eso la prudencia aconseja, que se prolongue el período preparatario del contrato.

El progreso de la técnica, la gran extensión de los negocios y la complejidad cada vez más grande de los objetos materia del comercio jurídico, hacen que aparezca, al lado del importante problema relativo a la ejecución de los contratos, el no menos trascental problema, referente a la preparación de los contratos. Si el legislador ha previsto la ejecución de los contratos, mediante una rica reglamentación, ha descuidado, por el contrario, su preparación, sin duda porque en la época codificadora del Derecho francés esta cuestión no había interesado a los jurisconsultos. De ella hablan los Códigos más adelantados, como el federal suizo de las obligaciones y el alemán, y la doctrina y jurisprudencia francesas, comienzan a preocuparse de llenar esta laguna de la ley.

2. El período de la preparación del contrato hace pensar en problemas jurídicos muy interesantes.

En primer término, ¿cuándo puede decirse que ha concluído? ¿En qué momento podemos decir que el contrato ha nacido con fuerza obligatoria de ley? Este problema, muy importante, sobre todo en los contratos entre ausentes, dio lugar a numerosas discusiones. Hoy, aún, a causa de los diferentes criterios de la jurisprudencia en distintos países, surgen constantemente graves dificultades en las relaciones comerciales internacionales. La obra clásica de M. Valery[1] expone la cuestión de una manera muy interesante, mostrándonos claramente, cuándo puede hablarse de un consentimiento definitivo, de un acuerdo de voluntades definitivo y de un contrato concluido entre ausentes.

Otra cuestión muy importante surge también en el periodo preparatorio. El contrato no puede concluirse. Una de las partes, después de haber consentido en entrar en conversaciones, se retira, no quiere participar del contrato. Usa, en apariencia, de su derecho a la libertad contractual. Esta libertad, ¿no implica una obligación a cargo de quien usa de ella?

En fin: tengamos nuestro contrato concluido, más de imposible ejecución: se encuentra atacado de un vicio derivado del período de preparación; una de las partes, más o menos cautelosamente, oculta a la otra, sea su incapacidad para contratar, sea la ilicitud del objeto propuesto. El contrato no puede, pues, surtir sus efectos normales, y es preciso averiguar quién es el responsable de los gastos efectuados o de los perjuicios producidos.

Estos dos problemas, que se retrotraen a la preparación del contrato, porque deben su nacimiento al período precontractual, han levantado también interesantes controversias y discusiones. Después de la famosa *culpa in contrahendo.* de Ihering[2], varias obras se consagraron al estudio de la cuestión. Entre las más importantes citaremos a Thon[3] y a G. Faggella[4].

---

1 J. VALERY: *Des contrats par correspondance.* París, 1895.

2 IHERING (R. v.): *Oeuvres choisies.* Traducción de O. de Meulenare. II, pág. 1. París, 1893.

3 THON: "Die Haftpflicht des Offenrenten bei Wiederruf seiner Offerte", en *Archiv. fuer die zivilistische Praxis.* Tomo LXXX, páginas 94 y siguientes.

4 GABRIEL FAGGELLA: "Dei periodi precontractuali et della loro vers et esatta construzione scientifica", en *Studi giuridici in onore di Carlo Fadda.* Nápoles, 1906. Tomo III, págs. 271 y siguientes.

Se llega a hablar de una responsabilidad especial, la responsabilidad precontractual, responsabilidad resultante de la actuación de las partes en el período que precede a la conclusión del contrato. Son varias las ideas expuestas para explicar este fenómeno, según veremos más adelante. Un estudio de A-Guilles[5], escrito a consecuencia del trabajo de Faggella, pone muy bien en claro el interés práctico de la cuestión. Profundamente ha examinado también el problema M. Roubier[6], quien analiza su fundamento jurídico y la extensión de la responsabilidad. Demuestra singularmente cómo esta noción se formó, las diferentes explicaciones referentes a la misma y las soluciones prácticas desde el punto de vista del Derecho positivo.

3. Al lado de estos problemas, que son propios del período preparatorio del contrato, existen otras cuestiones de interés práctico, que nacen precisamente durante la preparación del contrato.

En el curso de la elaboración de un contrato, en el período de conversaciones preliminares, las partes están obligadas a realizar gastos en metálico o a efectuar trabajos dirigidos a la conclusión del negocio jurídico. Sea para obtener el consentimiento de la otra parte, sea para preparar la ejecución del contrato, sea para demostrar el interés económico del negocio propuesto, es lo cierto, que la vida cotidiana nos enseña, que suelen ser cuantiosos, los gastos preliminares de la mayoría de los contratos de alguna importancia. Estos se refieren a ensayos, planos, viajes, honorarios de facultativos y técnicos, etc. Además, cuando en el curso de esta preparación ocurre algún accidente, o se causan perjuicios graves, sea a la persona del contratante, sea a un tercero, es preciso determinar, a cargo de quién procede declarar la correlativa responsabilidad. Dos ejemplos muy sencillos, demostrarán la importancia práctica de la cuestión[7]:

Se pretende hacer una gran construcción, y el que concibe la idea, se dirige a un contratista pidiéndole el necesario presupuesto y proyecto. El contratista, de este modo, queda obligado a realizar gastos de trabajo y de dinero, con objeto de preparar el contrato que espera obtener.

En el curso del ensayo para la venta de un automóvil, cualquier persona resulta herida. De este modo, el problema de la reparación del daño, ha nacido de la preparación del contrato expresado de compraventa.

Podrían multiplicarse los ejemplos; en el curso de este trabajo hallaremos casos análogos. Lo que por de pronto importa consignar, es la existencia del problema y sus considerables dificultades prácticas.

Si el contrato, finalmente, se concluye, las dificultades no existen, por decirlo así. Se tratará de gastos, que soportarán los contratantes, según la Ley del Contrato, y seguramente que ellos arreglarán las cosas de manera, que la obligación se distribuirá y adjudicará como los demás desembolsos

---

5 Saleilles (R.): "Responsabilité precontractuelle", en *Revue trimestrielle de Droit civil.* 1907, pág. 698.

6 Roubier: *Etude sur la responsabilité précontractuelle.* Tesis. Lyón, 1911.

7 En el curso de la preparación del contrato se pueden ocasionar gastos de reclamo y de publicidad. Estos no son considerados como de la preparación del contrato propiamente dicha, según veremos más adelante.

relacionados con la redacción del contrato. El contratista hará entrar los, desembolsos hechos con motivo de los planos, presupuestos y ensayos, en el precio de la obra entera. Del arquitecto no es preciso hablar, porque, de todos modos, se hará pagar sus planos. Los ensayos y viajes efectuados, con el fin de constituir una Sociedad, serán soportados por los asociados, etc.

Las dificultades comienzan, cuando después de haberse efectuado numerosos gastos, las conversaciones preliminares no son coronadas por el éxito. El problema se hace difícil si, a pesar de los esfuerzos realizados por dos o más personas, no se llega al contrato. En este caso, es indispensable saber, a quién incumbe pagar finalmente los gastos, y, si ocurre un accidente, quién debe abonar la oportuna indemnización.

La libertad contractual, no obliga a concluir el contrato, sobre el cual existan conversaciones preliminares; pero esta Libertad, no puede pretender, que todos los gastos y responsabilidades, recaigan enteramente sobre la persona que de momento se ha comprometido. La cuestión relativa a determinar, cuál de las partes que se han puesto en relación para contratar, debe cargar en definitiva con los gastos y responsabilidades de las conversaciones preliminares, en el caso de que no se llegue a, un resultado favorable, es muy importante. En la actualidad, gracias a los progresos técnicos, y a los procedimientos modernos de comercio, no existe ningún contrato, un poco importante, en el que no haya lugar a medidas preparatorias. Los contratantes prudentes, preverán el posible fracaso de sus tratos preliminares, y antes se pondrán de acuerdo, sobre la manera de sufragar los gastos a que den lugar, mediante una convención adicional, que solucione las dificultades de que venimos hablando.

4. En este trabajo, estudiaremos las diferentes cuestiones que pueden nacer, en el curso de los actos preparatorios de un contrato. Sin embargo, se prescindirá de la responsabilidad derivada de la ruptura de las conversaciones preliminares, por ser cuestión ya muy estudiada por los tratadistas de Derecho civil. A pesar de ello, tendremos que recordarla frecuentemente, por estar muy relacionada con las cuestiones prácticas que Forman el objeto principal de nuestro análisis.

Este estudio parece necesario, desde el punto de vista práctico, porque las cuestiones aludidas, no han sido suficientemente examinadas, ya que los autores suelen ocuparse de la responsabilidad precontractual, sólo de un modo incidental.

Fuera de las muy útiles indicaciones de Demogue[8] y de M. Roth[9], y de un artículo muy corto, pero interesantísimo, de M. Fischbach[10], ninguna obra examina las cuestiones, que este último autor llama "actos jurídicos preparatorios".

5. Actos preparatorios, en, efecto, estos actos tienden a facilitar la conclusión del contrato, confundiéndose frecuentemente con los actos que se derivan de

---

8 DEMOGUE: *Traité des obligations*. París, 1923. II, núm. 553, 4.°.

9 ROTH (H.): *Der Vorvertrag*. Berna, 1928, págs. 328 a 345.

10 FISCHBACH: "Vorbereitende Rechtsverhaltrisse", en *Archiv. fuer buergerlisches Recht*. Tomo XLI. Berlín, 1915, pág. 160.

la ejecución del contrato, o con aquellos otros más próximos a su conclusión, los antecontratos, que gozan de un régimen jurídico determinado. Es preciso, ante todo, exponer la noción exacta del negocio jurídico preparatorio, y por eso comenzaremos el trabajo, con la posición de nuestro problema. Las diferentes soluciones, que han dado la jurisprudencia y la doctrina, sobre los casos concretos sometidos a su decisión, no pueden ser comprendidas, más que conociendo su fundamento.

Después de las consideraciones teóricas, abordaremos el estudio de las diferentes cuestiones prácticas que se presentan en el curso de la preparación de las varias categoríaías de contratos, mostrando, cómo la jurisprudencia, deja pesar la carga de los gastos y de las responsabilidades por daños causados, de una manera más o menos equitativa, sobre una u otra de las personas, que se ponen en relación para contratar, sin llegar al resultado positivo esperado. Este estudio va a ocupar la segunda parte del trabajo. Trataremos primero las cuestiones concernientes a los gastos, y luego las relativas a los accidentes que tengan lugar en el curso de la preparación de los contratos.

Así, presentaremos en un estudio unitario, diversas cuestiones interesantes, que exigen soluciones especiales, difíciles de concretar en la mayoría de los casos.

Primera parte

Estudio teórico

Título primero

Definición del negocio jurídico preparatorio y posición del problema

1. — Los contratos y los diferentes gastos que exige su preparación.

6. En el curso de la preparación de un contrato, los interesados están obligados a efectuar gastos, o a asumir riesgos considerables. La actividad económica implica siempre riesgos. El que desea ganar, debe arriesgar, aunque frecuentemente este riesgo no esté compensado con un beneficio extraordinario, cual ocurre cuando el contrato es sólo el instrumento jurídico de la vida profesional o el oficio de una de las partes: la venta para el comerciante, el trabajo para el obrero, empleado o funcionario, etc. Las grandes empresas industriales, comerciales y bancarias, sólo pueden ejecutar operaciones financieras importantes, como el contrato de préstamo, depósito y seguro. Explotándose objetos de un valor enorme, es preciso recurrir frecuentemente a la forma cómoda que suministra el contrato de Sociedad. Los contratos más diferentes se encuentran hoy en la esfera de la actividad económica del mundo y surgen cada vez más importantes y complejos. Las operaciones más grandes dan un máximum de rendimiento, con reducción de los gastos. Cada vez es mayor la tendencia a montar grandes negocios, racionalizando su explotación. Asistimos en la vida económica a dos fenómenos de concentración: la gran empresa tiende a reemplazar el papel que desempeñaba la pequeña industria; la gran construcción substituye a la casa de familia, porque de esta manera se reducen considerablemente los gastos generales.

7. Al lado del fenómeno que observamos, en virtud del cual los negocios se realizan en mayor escala, no podemos ignorar el progreso enorme de los métodos de publicidad comercial[1].

La fuerte casa de comercio, y el pequeño establecimiento, gastan importantes sumas en fines de publicidad, esperando fundadamente que estos gastos sean reproductivos. La publicidad, tiene una influencia considerable sobre el gran público, convirtiéndose en instrumento de todas las ramas de la actividad,

---

1 Hemet: *Traite de la publicité*. París, 1922. Dos volúmenes.

quienes ven en ella, un excelente medio de atraer a las masas, con el fin de entrar en relaciones contractuales numerosas. Esta publicidad exige, a su vez, trabajos importantes, un equipo entero de técnicos. Desde el comercio ordinario, a través de los establecimientos de finaliza y establecimientos técnicos, hasta las profesiones liberales, encuentran todos en la publicidad una necesidad cotidiana. Los gastos de publicidad entran en el concepto de gastos generales, efectuados únicamente en interés de la persona, que por este medio propone los contratos[2], quien, por tanto, nada podrá reclamar por este concepto, aunque el negocio no llegue a realizarse. Así veremos, que los gastos que persiguen un fin de publicidad, quedan siempre a cargo de la parte que de ellos se sirve. Parece a primera vista que la publicidad se hace como un acto preparatorio del contrato, puesto que viene a ayudar su conclusión; pero si examinamos las circunstancias del caso con detenimiento, observaremos que no se aplica a ningún contrato determinado, y sí a todos los que se otorgan a consecuencia del anuncio público. Sin embargo, puede ocurrir, que la parte que rompió las conversaciones preliminares, se aproveche directamente de la publicidad efectuada por la otra. En estos casos, la jurisprudencia reconoce el derecho a percibir una indemnización[3].

8. Aparte de la publicidad, existen también otros gastos ocasionados con motivo de la preparación de los contratos. Las empresas de cualquier orden, desean dar a su posible clientela, todas las indicaciones útiles, que juzgan necesarias, para impulsar las operaciones del tráfico a que se dedican. Por esto, someten a la consideración de distintas personas, que creen interesadas en sus negocios, los planos y proyectos preliminares, con el fin de llegar cuanto antes, a la conclusión del mayor número y volumen de contratos. La organización del servicio expresado, requiere un equipo de investigación considerable. Las Sociedades financieras, que se ocupan de poner en circulación las acciones de nuevas Sociedades, o que se ocupan también de su creación, en muchos casos, se ven forzadas a enviar especialistas a países lejanos, para estudiar el objeto de la explotación propuesta. Los contratistas de los trabajos de construcción, deben a su vez, efectuar estudios detallados sobre el terreno donde creen poder construir, con el fin de ofrecer sus servicios, en las condiciones más económicas y rápidas, para lo cual, además, tendrán que aprovisionarse por adelantado, de un "stock" considerable de materiales.

Todos estos gastos son muy parecidos a los de publicidad. En efecto, nadie obliga al que hizo los desembolsos, a que realice los estudios y proyectos preliminares. Si empleó en ellos su tiempo y su dinero, fue tan sólo con un fin lucrativo, en espera de obtener los pedidos de la presunta clientela, y de ofrecer condiciones más beneficiosas que las de la concurrencia. Los autores están, conformes en rechazar las demandas de indemnización, derivadas de los estudios preparatorios de la oferta, cuando el contrato esperado no ha tenido lugar. En consecuencia, estos gastos deben correr a cargo de la persona que los efectuó. En una hipótesis muy especial, admite la jurisprudencia, la

---

2 Es curioso hacer notar que, en las subastas, los gastos de anuncio y reclamo suelen exigirse al adjudicatario.

3 París, 13 febrero 1883 (*Gaz. Palais.* 1882-1883. 2, 414, segunda parte). Véase el número 102.

indemnización a favor de quien realizó los desembolsos, por estimar que habían beneficiado directamente a la persona que rechazó el contrato[4]. Esta excepción confirma la regla general.

2. — LOS GASTOS Y ACTOS PREPARATORIOS PROPIAMENTE DICHOS.

9. Es preciso distinguir varias hipótesis, en los gastos y, desembolsos efectuados en el período de la preparación de un contrato; período que comienza con las conversaciones preliminares, que ponen a las partes en relación. Es el caso, por ejemplo, de un contratista que, esperando nuestro pedido definitivo, confecciona planos, proyectos y presupuestos especiales. Ha efectuado un acto, que no hubiera realizado, sin la esperanza de entrar en relación con nosotros.

Por otra parte, durante estos actos preparatorios del contrato pueden ocurrir accidentes. En el curso del ensayo de una cosa peligrosa, una de las partes se hiere o un tercero es muerto, Se deposita un objeto para concluir el contrato, y este objeto se destruye.

Antes de abordar el estudio relativo a quién debe cargar con los gastos y responsabilidades, es necesario dar una idea concreta y clara de los actos y negocios preparatorios que tienden a la conclusión del contrato, cosa relativamente fácil para nosotros después de haber eliminado *a priori* los desembolsos que nacen antes de toda relación entre las partes.

10. El artículo de Fischbach citado en la Introducción, habla de estas cuestiones[5]. Dice el autor, que cuando se llega a la conclusión de un contrato, es después de haber efectuado, numerosos actos de naturaleza preparatoria, pero que pueden producir un cierto efecto jurídico. Toda la serie de cuestiones que se derivan, desde el momento en que dos o más personas, se ponen en relación para contratar, son estudiadas bajo el concepto de "negocios jurídicos preparatorios". Como ejemplo de ellos, nos cita un caso juzgado por el Tribunal del Imperio[6], que puede presentarse frecuentemente, y que debe ser resuelto conforme a las reglas generales del Derecho, por no existir disposiciones legislativas concretamente aplicables.

Una mujer entra en un comercio de tejidos pidiendo *linoleum*. El vendedor le muestra varias piezas de este género y se retira para buscar otras nuevas, apartando a un lado las piezas ya vistas y examinadas por la cliente. Entonces, una de esas piezas pierde el equilibrio y cae, con tan mala fortuna, que viene a tropezar con la compradora, produciéndole algunas lesiones. Es indudable que la persona herida en este caso podrá ejercitar la acción de culpa extracontractual contra el propietario del establecimiento; pero este camino obliga a probar la falta delictual cometida por el demandado, según dispone el artículo 164 del Código civil alemán. Para evitar los inconvenientes y dificultades de la prueba, pretendió la lesionada, que se declarase, que el

4 Poitiers, 2 de diciembre de 1907 (Dalloz, 1908. 2, 332). Véase el número 98.

5 FISCHBACH: *Obra citada,* págs. 160 y 161.

6 Tribunal del Imperio, 7 de diciembre de 1911 *(Reichsgerichts- Entscheidumgen,* tomo LXXVIII, pág. 239).

accidente se había producido con ocasión de realizar un acto preparatorio del contrato y que, en consecuencia, era responsable el dueño del almacén, por razón de responsabilidad contractual (artículo 278, Código civil alemán), y no por razón de culpa extracontractual. El Tribunal del Imperio alemán acepta la tesis propuesta por la cliente lesionada, declarando la existencia de un negocio jurídico preparatorio, por los motivos siguientes: el dependiente de comercio representante del vendedor demandado, entró en conversaciones preliminares con la demandante, con objeto de facilitar la conclusión de una compraventa; la cliente manifestó su deseo de ver piezas de *linoleum* para comprar; el vendedor respondió a este deseo mostrando su mercancía. Aquí no puede verse un acto puramente gracioso, pues existe, desde luego, un acuerdo serio de voluntades, concordantes en el deseo, de llegar a concluir un contrato de compraventa, es decir, de alcanzar un fin jurídico. De este acuerdo nace un negocio preparatorio, que obliga a las partes, igual que el contrato mismo, a observar las mayores precauciones, y singularmente a velar porque la presentación de las mercancías, no cause perjuicio alguno al comprador eventual. Sin insistir sobre la aplicación de la noción de responsabilidad contractual por el Tribunal del Imperio, la jurisprudencia francesa podrá llegar hoy al mismo resultado, aplicando el artículo 1. 384 del Código civil. Interesa destacar en esta decisión, la calificación jurídica que merece el acto, el accidente producido durante las relaciones preparatorias. Reconoce el Tribunal, la importancia del hecho, de que se trate de un acto serio, en el que las partes, tenían realmente intención de concluir el contracto. Evidentemente, ésta es una cuestión de hecho que queda a la apreciación del juzgador en cada caso concreto, con objeto de separar al cliente serio, del visitante que desea ver las mercancías por pura curiosidad. De lo expuesto se deriva, que la primera condición necesaria para la existencia de un negocio jurídico preparatorio, es la voluntad seria de las partes, encaminada a llegar a la conclusión del contrato, en cuya gestación surgen los gastos o se producen los accidentes.

El mismo autor nos cita a continuación un ejemplo análogo. En casa de un comerciante de metal viejo, se presenta una persona que desea adquirir algunas piezas de cobre antiguo. El comerciante enseña a su cliente un cargador inservible, procedente de un antiguo obús, en la creencia de que se encuentra descargado. El futuro comprador, participando de la misma idea, se pone a examinar las piezas de cobre, sin cuidado ni diligencia alguna. A los pocos momentos explota el cargador, produciendo graves heridas en la mano del cliente. Véase un nuevo acto preparatorio de la compraventa, durante el cual, el presunto comprador, sufre las consecuencias de un accidente, derivado del objeto que examina.

No insistimos aquí sobre la calificación jurídica de los casos presentados, porque de esta cuestión, hemos de ocupamos más adelante.

Fischbach considera estos hechos y accidentes, como negocios preparatorios[7]: los accidentes, son el resultado de la preparación del contrato y, por tanto, engendran una responsabilidad, que debe asentarse sobre la base de dicho contrato, aunque efectivamente aún no se haya concluido. Lo que importa para este autor, es que el acto ocurra cuando se pretendía llegar a la perfección del contrato. La presentación de la mercancía para realizar la

7 FISCHBACH: *Obra cit.*, pág. 161.

venta, es un acto de este género, porque las partes están ya puestas en relación para contratar.

Un caso análogo precisa el pensamiento del repetido autor. La misma persona, como en el primer ejemplo, deseosa de comprar la alfombra de *linoleum,* entra en un gran almacén y atraviesa numerosas secciones antes de llegar a la que busca. Pasando por la sección de objetos de uso, cae uno de ellos y hiere al cliente eventual. ¿Puede aquí hablarse de relaciones preparatorias? Evidentemente no, porque las partes, la persona herida y el dueño del almacén, aún no habían entrado en relación con el fin de llegar al otorgamiento de un contrato.

3.— NEGOCIOS PREPARATORIOS Y ANTECONTRATO.

11. Para impresionar mejor al espíritu del lector, Fischbach elige la mayor parte de sus ejemplos en el campo de los accidentes que pueden tener lugar en el curso de la preparación del contrato; pero sus ideas también pueden aplicarse a otros negocios, engendrados a causa de actos positivos de una de las partes, o de trabajos y desembolsos efectuados durante las conversaciones preliminares. Por esta razón, opone dichos negocios a otro negocio, precontractual también: el antecontrato.

En efecto: existe una semejanza muy grande entre los simples negocios preparatorios que nacen durante la elaboración del contrato, y el negocio ya avanzado, que se llama antecontrato, el cual, en definitiva, es también un acto preparatorio de naturaleza especial. Esto nos obliga a dar algunas explicaciones sumarias sobre el antecontrato.

El antecontrato es un acto que prepara el contrato hasta su última fase; es ya un acuerdo de voluntades completo; acuerdo de las partes sobre la conclusión del contrato[8]. Por una causa cualquiera, una de las partes no puede o no quiere concluir el contrato; se reserva el derecho de dar su consentimiento; la otra parte se obliga a esperar este consentimiento; es, pues, un contrato, en el que falta el consentimiento de una de las partes. M. Leduc define el antecontrato diciendo que "reúne todas las exigencias del contrato definitivo, objeto, capacidad de las partes, salvo una... el consentimiento de cualquiera de los interesados. Por el solo hecho de la dación de este consentimiento, todos los elementas constitutivos del contrato se habrán reunido"[9].

Aceptando esta definición, podremos decir con M. Leduc que el contrato existe ya, pero afectado de una condición puramente voluntaria a favor de uno de los contratantes, más sin que se trate de una condición potestativa, prohibida por la ley (artículo 1. 174, Código civil francés)[10].

Es, pues, el antecontrato, un acto que hace nacer un crédito, un derecho de crédito de naturaleza especial e inferior, que concede solamente el derecho de

8 DEMOGUE: *Traite des obligations.* II, cap. IX. Los anteactos, y especialmente los antecontratos, págs. 1 y siguientes. ROTH: *Der Vorvertrag,* citado antes.

9 LEDUC: *Des avant-contrats.* Tesis. París, 1900, pág. 31.

10 *Obra cit.,* pág. 33.

adquirir posteriormente, y mediante declaración de voluntad, un derecho de crédito ordinario[11].

Se califican estos derechos, como derechos eventuales, intermedios entre la simple esperanza, sin efecto jurídico, y el derecho condicional, con efectos retroactivos después de su perfección.

Los derechos eventuales[12], representan ya un valor patrimonial para sus titulares, porque, a pesar de la voluntad contraria del deudor, podrán llegar a ser acreedores puros y simples. No obstante, el derecho aquí queda sometido, a la eventualidad derivada de la falta del consentimiento del deudor, por lo que es imposible, tomar medidas protectoras o de garantía. El acreedor, en el antecontrato, no ostenta en realidad ningún derecho efectivo, porque el deudor, continúa aun siendo propietario de su derecho, y sobre él goza de libre disposición. La sola traba de la libertad de disposición del deudor, se encuentra en la amenaza, de verse obligado a resarcir daños y perjuicios, si hace imposible la ejecución del antecontrato. Como hace notar M. Leduc[13], es un derecho eventual, diferente del derecho de crédito ordinario, porque el acreedor del antecontrato, pide la conclusión de un contrato definitivo, creándose de este modo, al mismo tiempo que un verdadero crédito a su favor, una deuda en favor de su deudor, y esto precisamente, por no asumir desde luego esta obligación en beneficio de su deudor, obligado en virtud del antecontrato, sin llegar a concluir el contrato definitivo.

En cuanto a su naturaleza, el derecho eventual nacido del antecontrato, participa de la naturaleza mobiliaria, propia de todos los créditos extraordinarios, cualquiera que sea la clase del antecontrato. Aunque exista una promesa de venta, de arriendo de un inmueble o de constitución de hipoteca, siempre el acreedor del antecontrato correspondiente es titular de un derecho mobiliario[14].

12. Después de haber examinado la definición corriente del antecontrato, podemos oponer a estos actos preparatorios, los que son objeto especial de nuestro estudio.

El antecontrato es un acto jurídico. Es ya una convención que tiene por objeto asegurar la conclusión de un contrato definitivo mediante la obtención del consentimiento adelantado de una de las partes. En cambio, los actos preparatorios que analizamos, se desenvuelven en el campo de los simples hechos, desembolsos, trabajos, accidentes que pueden engendrar diversas obligaciones. Es lo más frecuente, que los expresados actos se produzcan antes de llegar a la conclusión del antecontrato; pero también pueden nacer después, si la persona que ya prestó su consentimiento definitivo, efectúa gastos para preparar la ejecución de un contrato que cree cierto, o para obtener el consentimiento de la otra parte interesada, a pesar de lo cual no llega a. darse finalmente.

11 *Obra cit.*, pág. 41.

12 DEMOGUE: "Des droits eventuels", estudio en *Revue Trimestrielle de Droit civil.* I, 1925, pág. 723, y II de 1906, pág. 21. —TITULESCO (N.): *Essai sur une theorie genérale des droits eventuels.* Tesis. París, 1907, página 90.

13 *Obra cit.*, pág. 42.

14 En este sentido Casación de París, 20 de Enero de 1862 (DALLOZ, 1862, I, 1, 364).

Fischbach[15] que, como sabemos, toma sus ejemplos del campo de los accidentes, pone de relieve esta diferencia de un modo patente. Dos personas se entienden sobre la adquisición de un automóvil. La venta no puede tener lugar, por un ranzón cualquiera, en el momento de hallarse en principio conformes las partes sobre las condiciones del contrato, y por este ranzón, suscriben un antecontrato, en virtud del cual, mediante el consentimiento del futuro comprador, quedará perfecta la venta. Antes de concluir el contrato definitivo, el futuro comprador desea ensayar el coche, para darse bien cuenta de si le conviene; en el curso de este ensayo resulta herido o se produce un accidente. Véase, pues, un negocio o vínculo jurídico que nace de un simple acto de preparación del contrato, y que se distingue claramente del antecontrato, tanto por su naturaleza como por sus efectos.

Primus desea comprar un terreno perteneciente a Secundus. El terreno le conviene, pero existen motivos que impiden de momento la conclusión del contrato de venta. Entonces otorga un antecontrato, en la misma forma que el contrato definitivo, para asegurar el consentimiento de Secundus, al menos durante cierto plazo. Antes de tomar una decisión sobre la adquisición del terreno, Primus, que ha entendido que Secundus le vende un terreno en condiciones beneficiosas, se traslada al campo, para mejor examinar la cosa que trata de adquirir. En el curso de esta visita cae en una fosa que estaba cuidadosamente cubierta-y disimulada, y resulta herido. Véase otro ejemplo de un hecho (acto material): una visita del inmueble objeto de promesa de venta, en el curso de la cual se atraviesa un accidente, que engendra el problema de la responsabilidad, cosa completamente diferente del antecontrato anterior.

Esta comparación entre el antecontrato y el acto preparatorio del contrato definitivo, más acto jurídico que tiene el valor de una convención, y los simples hechos materiales que pueden producirse en el curso de la preparación de un contrato, es muy útil para ayudarnos a establecer con más precisión la noción de estos actos preparatorios.

4.– Los negocios preparatorios y los problemas relativos a la ejecución del contrato.

13. Como se trata de hechos y actos materiales, fácilmente podrán confundirse con los hechos materiales que pueden tener lugar en el curso de la ejecución del contrato ya concluido. Algunos ejemplos suministrados por el mismo autor, nos permitirán precisar por adelantado el área de los estudios jurídicos que va a ser objeto de este trabajo. Fischbach no sale del cuadro de los accidentes[16].

Un maestro tapicero, antes de poner la tapicería en habitación de una persona, ordena el montaje de escaleras especiales, con objeto de que el carpintero pueda comenzar su trabajo. Durante la instalación de dichas escaleras, se rompe un espejo de gran valor. Aquí tenemos un accidente

15 *Obra cit.*, pág. 164.

16 *Obra cit.*, pág. 162.

ocurrido en el curso de un trabajo preparatorio de la ejecución del contrato ya perfeccionado, que da lugar a la responsabilidad contractual, propia del período de ejecución. Esta hipótesis resulta, por tanto, distinta de la establecida para los actos preparatorios del negocio jurídico contractual.

Dos ejemplos, tomados de las cuestiones que pueden derivarse del transporte, determinan exactamente la oposición existente entre las dos hipótesis[17].

Un comerciante ordena el transporte de alguna cantidad de fardos de cáñamo, y después de dirigirse a la administración de los ferrocarriles, ésta le indica el vagón en que puede ser cargada la mercancía, para comenzar el acto material del transporte pasados algunos días. Efectuada la carga sobre el vagón, queda éste en la estación del ferrocarril al cuidado de la entidad porteadora. En ausencia de los cargadores, una locomotora que pasa al lado del vagón prende fuego a su cargamento, materia fácilmente inflamable, destruyéndose casi por completo y causando fuertes daños en el material ferroviario. La Administración del camino de hierro pide la indemnización de daños y perjuicios, fundándose en la existencia de un contrato de transporte, y el Tribunal del Imperio alemán, aceptando la tesis, condena al comerciante por los motivos siguientes[18]: Con objeto de hacer transportar la mercancía, el comerciante demandado pidió a la Administración de los ferrocarriles que pusiera a su disposición un vagón abierto. La Administración, por consecuencia de esta petición, y cuando el contrato de transporte no se había aún concertado, puesto que el comerciante no había efectuado ningún acto necesariamente propio de dicho contrato, puso un vagón a disposición del futuro cargador, en cuyo momento nació entre las partes un negocio que obliga a tomar las mayores precauciones, con el fin de evitar accidentes. Poco importa que este negocio pueda clasificarse entre los actos preparatorios o entre los actos inherentes al contrato de transporte; de todos modos, el cargador tenía la obligación de no dejar al descubierto, con el fin de evitar los incendios, una mercancía fácilmente inflamable, como es la cargada en el vagón, en este caso concreto.

A este ejemplo de acto preparatorio Fischbach opone otro parecido, a pesar de lo cual no se trata efectivamente de la elaboración previa del contrato. Un comerciante recibe aviso de la Administración de ferrocarriles, notificándole que ha llegado una caja facturada por su cuenta y que puede retirarla del muelle de descarga. Al aproximarse al vagón se resbala y, al caer, se rompe una pierna, sin duda porque el acceso al vagón no se hallaba suficientemente iluminado. Su acción, fundada sobre la base de una responsabilidad contractual, triunfa ante el Tribunal del Imperio alemán[19]. La Administración de los ferrocarriles—dice la resolución judicial—está obligada a tomar todas las precauciones para que resulte fácil el acceso al lugar de recepción de las mercancías, sin peligro de que ocurran accidentes. Aquí la responsabilidad

17 *Obra cit.*, pág. 168.

18 Publicado en *R.G.E.*, tomo LX, pág. 403 (R.G.E. es la abreviación de Reichsgerischtssentscheidungen, decisiones del Tribunal del Imperio). Esta solución, propia del Derecho alemán, no puede ser generalizada sin algunas reservas.

19 Publicada en *R. G. E.*, tomo LXXIII, pág. 148.

contractual ha prevalecido, pero se trata de la ejecución de un contrato de transporte y no de su preparación.

Después de haber opuesto los simples actos preparatorios y el antecontrato; después de haber separado los actos de preparación realizados en el curso de la elaboración del contrato de aquellos que preparan su ejecución, ya podemos proponer el problema en sus justos términos.

5.— DEFINICIÓN DEL NEGOCIO JURÍDICO PREPARATORIO Y POSICIÓN PRÁCTICA DEL PROBLEMA.

14. Las partes que han querido contratar, están frecuentemente obligadas, a efectuar gastos y trabajos, para preparar la ejecución del contrato; en el curso de estos trabajos, pueden producirse víctimas por accidentes, o causarse daños a otra persona ajena a la futura convención. Todos estos hechos materiales, los calificamos de actos preparatorios, de actos que tienen por objeto preparar el contrato, desde el momento en que se efectúan, en el período precontractual, o sea, en el espacio de tiempo comprendido, desde que dos o más personas se ponen en relación con actitud de contratar, y el otorgamiento del contrato definitivo o la ruptura de las conversaciones.

Estos actos de preparación, pueden dar lugar a problemas jurídicos importantes, de responsabilidad y de indemnización, problemas a cuya solución se consagra este estudio. Como se trata ordinariamente de hechos materiales, y teniendo en cuenta la gran diversidad de contratos, sólo examinaremos los casos ya sometidos a la apreciación de la jurisprudencia, indicando también algunas hipótesis que podrán presentarse.

Para mejor mostrar el lado práctico de la cuestión, daremos aquí una lista de ejemplos, tomados aparte, de los interesantes que consigna Fischbach en su documentado estudio.

15. Un contrato de venta en curso de preparación, puede dar lugar a numerosos actos preparatorios y a numerosos problemas de responsabilidad e indemnización. Para concluir una venta, el futuro vendedor, se ha visto obligado a efectuar gastos, resultando de hecho que adquirió un objeto especial, a pesar de lo cual la venta no llega a realizarse. Con objeto de facilitar las ventas de cierta mercancía, el futuro vendedor envía al presunto comprador la cosa enajenable, para que la examine; más durante el transporte, dicha cosa se deteriora y pierde de valor. En vista de otra venta, es preciso realizar ensayos, a consecuencia de los cuales pueden ocurrir accidentes de los que se deriven perjuicios para una de las partes o para terceras personas. En vista aún del mismo contrato, el futuro vendedor se obliga a disponer que los objetos sean evaluados por peritos, originándose así un gasto que puede quedar a su cargo si el contrato no llega a efectuarse. El futuro vendedor se obliga a arreglar la cosa que debe venderse, y el contrato al fin no se perfecciona. A consecuencia de un anuncio ofreciendo la venta de ciertos objetos, una persona deseosa de adquirirlos hace un viaje costoso, más luego se da cuenta de que el anuncio no responde a la realidad, y por esta u otra razón es imposible el contrato.

El contrato de arrendamiento exige frecuentemente actos de preparación. Una habitación se anuncia para alquilar. Cierta persona, después de verla, cae por la escalera, mal alumbrada, y se produce contusiones. Durante la visita al piso desalquilado, el visitante rompe casualmente un objeto de valor. El propietario de una villa lujosa está en relación con cierto capitalista que desea arrendar la finca. Para convencer más fácilmente al futuro arrendador, el propietario efectúa arreglos de lujo: espejos costosos, instalaciones eléctricas, etc. El contrato al fin no se celebra, y nuestro propietario se ve obligado a realizar grandes desembolsos.

16. Un ejemplo en materia de empréstitos. Una empresa industrial hace proposiciones a determinado Banco, para emitir un fuerte empréstito en dinero. El banquero, que espera obtener un gran beneficio con este negocio, a su vez pide un préstamo a otro Banco, para tener desde luego el dinero a disposición de la empresa industrial en cuanto se cierre el trato. Al fin fracasan las negociaciones, el empréstito no se lleva a cabo, y el banquero requerido debe pagar los intereses de la cantidad que pidió prestada.

Podemos pensar en un caso análogo en materia de depósito. El banquero, que espera un depósito de gran valor, hace asegurar sus locales contra los riesgos del robo a mano armada. Después de haber pagado las primas del seguro, no llega a efectuarse el depósito en su establecimiento.

Para garantizar un gran empréstito, es preciso empeñar objetos de valor; más con el fin de concluir el contrato de prenda, deben tasarse pericialmente dichos objetos. El contrato no se perfecciona, ocasionando los consiguientes gastos de preparación.

El contrato de hipoteca también puede dar lugar a la intervención de peritos y a tasaciones costosas e inútiles si al fin no llega a constituirse la garantía.

17. Frecuentemente la constitución de una Sociedad ocasiona grandes gastos. Visto el objeto del contrato, que es a veces de un valor considerable, la misma constitución de la Sociedad viene precedida de un gran número de actos preparatorios. Para examinar el objeto de una explotación, un yacimiento minero, por ejemplo, es indispensable enviar peritos al lugar donde se encuentra la mina (se desea obtener el informe de dos ingenieros especialistas). Para darse cuenta de los efectos de un nuevo producto químico que desea explotar la Sociedad, es obligado montar un laboratorio costoso, produciéndose de este modo gastos derivados del futuro contrato. Este laboratorio constituye una vecindad peligrosa e incómoda para el inmueble contiguo, cuyo propietario se ve obligado a pagar una sobreprima de seguro, naciendo así una nueva fuente de responsabilidad para la Sociedad en vías de formación. Si después de las conversaciones preliminares la Sociedad no llega a constituirse, tendremos planteado el problema relativo a quién debe sufragar todos estos múltiples gastos.

18. Los contratos de la categoría del mandato pueden implicar problemas del mismo orden. Así, el agente o corredor que efectúa viajes y otros gastos, para atraer a las personas deseosas de contratar, sin que en definitiva el contrato esperado se haya producido, sugiere la necesidad de establecer en primer término, si dichos gastos deben ser abonados al agente y, en segundo lugar, cuál de las dos personas o en qué proporción deben sufragarlos.

Un médico es llamado para una consulta desde un pueblo lejano. Accediendo al requerimiento, inmediatamente toma el billete del ferrocarril, para salir en el primer tren; mas antes de la hora de partida recibe nuevo aviso, indicándole que su presencia ya no es necesaria, por haber fallecido el enfermo. El médico realizó un gasto adelantado; ha podido rechazar otras consultas, pensando en el tiempo que invertiría en el viaje.

Un abogado es consultado sobre cierto negocio especial. Creyendo que sería encargado del asunto, consulta a su vez con un gran jurisconsulto, para saber mejor que dirección habría de emprender. Aquí tenemos un gasto realizado en vista de un contrato futuro entre el abogado y el cliente, quien, finalmente, puede abandonar el negocio.

Un contrato que puede dar lugar a numerosos actos de preparación es el contrato de arrendamiento de obra. Siempre es indispensable efectuar gastos para preparar los planos y presupuestos. El arquitecto designado para tomar la dirección de los trabajos de edificación hará un plano para el contratista; éste, a su vez, tendrá que elaborar el presupuesto. Los contratistas se ven forzados a efectuar gastos de orden técnico, en vista de las contratas que esperan obtener. Ante todo, deberán constar con una instalación y oficinas adecuadas. En algunos casos, arquitectos y contratistas realizan previamente todos los gastos necesarios, con objeto de presentar los proyectos y presupuestos en un concurso público para la adjudicación de la obra. Esta especial situación puede engendrar graves problemas de indemnización.

El contrato de trabajo da lugar también a ciertos actos preparatorios. Es el caso del trabajo contratado por vía de ensayo, durante el cual pueden surgir accidentes no comprendidos en la Ley francesa de 1898, que exige la existencia de un contrato de trabajo.

Un obrero parado, ve en un anuncio, publicado en los periódicos, que, en cierta villa vecina, ofrecen dar colocaciones, en armonía con sus aptitudes profesionales. En vista del anuncio, se traslada a dicho pueblo, dándose entonces cuenta, de que las condiciones reales del trabajo, no coinciden exactamente con las del anuncio. Es preciso, pues, determinar quién debe pagar los gastos del viaje del obrero.

19. Ayudados por las ideas antes expuestas, y por las sugerencias que se deducen de estos ejemplos prácticos, podemos concluir el capítulo, determinando la noción de negocio preparatorio. *En éste, el vínculo jurídico que nace entre dos o más personas, a consecuencia de los actos, hechos materiales y perjuicios sufridos, en el curso de la preparación de un contrato,* A consecuencia de los negocios preparatorios, suelen presentarse problemas de indemnización y responsabilidad. Repasando la lista de ejemplos citados, ensayaremos en la segunda parte de este trabajo, el estudio de cada una de estas cuestiones.

Antes, sin embargo, es preciso determinar el fundamento jurídico de las obligaciones de indemnización y reparación resultantes de los negocios preparatorios. A esta cuestión consagramos el segundo título de la primera parte de nuestro estudio.

Título segundo

La obligación que nace en el curso de la preparación de un contrato, su fundamento, su naturaleza jurídica y sus efectos posibles.

Capítulo primero

La existencia de una obligación precontractual

20. Después de haber propuesto el problema relativo a los negocios que pueden nacer durante la preparación de un contrato, y antes de abordar el estudio de las soluciones que podrían adoptarse, es esencial indicar una idea directriz, que domine estas varias cuestiones; cual es la base jurídica de una solución posible. Es necesario, en una palabra, determinar si los negocios que nacen en el período preparatorio dan lugar a obligaciones contractuales o a obligaciones de naturaleza jurídica diferente.

Seccion primera
La obligación nace de una estipulación de las parte

1° — Las partes prevén los Gastos y trabajos del período preparatorio del contrato.

21. Hay casos en los que las partes tienen la previsión de ordenar las dificultades que puedan ocurrir durante el período preparatorio.

En estas hipótesis, el problema de una obligación de reparación se presenta bien claro sobre bases sencillas y, al mismo tiempo, sólidas. Así ocurre cuando, teniendo en cuenta que la formación del contrato requiere efectuar trabajos o viajes costosos, las partes que entran en relación y conversaciones preliminares, se obligan desde el principio a soportar estos Gastos (verdaderos contratos), aun en el caso de que no se llegue a la perfección del contrato en elaboración.

Muchos ejemplos podrían citarse de esta clase de convenciones:

Un contratista, deseoso de efectuar importantes trabajos para la Compañía de Ferrocarriles de la Indochina, tiene necesidad de capitales elevados. Algún banquero le ofrece las sumas necesarias, interesado por el ofrecimiento de una participación en el negocio del contratista. Prudente, sin embargo, el banquero, desea realizar un viaje a. Indochina, para darse cuenta sobre el terreno de las condiciones del asunto y de las probabilidades de ganancia. Sólo a cambio de un informe favorable será aceptada la participación del capitalista. El empresario, no menos prudente, exige que el banquero se obligue a reembolsarle una parte de los gastos del viaje y estudios que debieran hacerse en interés común. Así, en vista de la formación de un contrato de asociación, las partes se garantizan desde el principio de las conversaciones preliminares, las consecuencias desagradables de un fracaso. La responsabilidad derivada de esta obligación, es análoga a la de los contratos ordinarios, engendrándose, por tanto, la sanción de daños y perjuicios prevista en el artículo 1.147 del Código francés.

Transportemos este ejemplo a un campo más amplio. Se trata de la fundación de una gran Sociedad anónima, que tiene por objeto la explotación de una mina recomendada, descubierta en América del Sur, o de un producto químico sensacional, que antes de ponerse a la venta debe sufrir ciertas transformaciones costosas. Las personas interesadas, financieros, banqueros, empresarios, algunas de ellas personas morales de derecho público, antes de comprometer capitales considerables o antes de dar su autorización, quieren conocer detalles exactos sobre la naturaleza y productividad del futuro objeto de la explotación, y para conseguirlo desean fundar una Sociedad de estudios, en la cual, cada una de las partes, aporta determinada suma. Así, mediante un contrato de Sociedad preliminar, los interesados se obligan a contribuir, a todos los gastos del período preparatorio, a sufragar los desembolsos precisos para abonar los trabajos, e indemnizar los riesgos que se ocasionen, antes de perfeccionarse el contrato de Sociedad principal.

22 El pacto especial sobre los gastos preparatorios puede darse también entre dos personas que desean otorgar un contrato de mandato o de trabajo. Cierta persona desea elevar una construcción sobre determinado terreno; el contratista que entra en relaciones con ella, le indica la necesidad de efectuar algunos trabajos preliminares, de estudiar, por ejemplo, la composición química del terreno o de confeccionar planos especiales. Previsor, dicho contratista solicita del dueño de la futura obra una autorización especial antes de emprender los trabajos correspondientes, con el fin de que, si el contrato principal no llega a otorgarse, los gastos corran a cargo de quien ordenó los estudios y deseó los planos. Esto es particularmente interesante para los contratistas, porque la jurisprudencia francesa, según luego veremos, les niega en principio, toda indemnización derivada de los desembolsos preliminares. En cambio, los arquitectos siempre tienen derecho a percibir sus honorarios por los planos que hubiesen levantado, en virtud de un mandato o de un contrato de arrendamiento de obra[1].

---

1 Para el contratista. París, 7 de marzo de 1912 *(Gaz. Pal.* 1912, 210). Tribunal de Paz, de París, 9.° dep. 26 de mayo 1922 *(Gaz. Pal.* 1922, 2, 305). Colmar, 5 de diciembre de 1928 *(Revue juri. d'Alsace et Lorraine,* 1929, 364).

Para el arquitecto. Casación civil. París, 27 de marzo de 1876 *(Gazzete Trib.,* 29 de marzo de 1876), 20 de abril de 1888 *(Gaz. Trib.,* 20 de abril de 1888). Trib. civil Sena, 21 de mayo de 1912 *(Gaz. Trib.* 1912, 1.er, 2, 548) y 7 de febrero de 1929 *(Gaz. Trib.* 1929, 2.°, 2.52).

En estos casos, la conclusión del contrato principal esperado, no afecta a las obligaciones derivadas del período preparatorio, que deben apreciarse según las reglas del mandato (artículos 1.984 a 2.010 del Código francés) o según las reglas del contrato de arrendamiento de obra y de industria (artículos 1.779 a 1.799 del Código francés)[2].

23. Puede ocurrir—la hipótesis es rara, pero merece ser mencionada—que, en el curso de ciertos trabajos preparatorios, una de las personas interesadas, realice algo especialmente útil para su futuro cocontratante, pagando los gaztos necesarios. Aunque ninguna convención especial sobre indemnización exista entre las partes, es indudable, que la persona que realizó algo útil para la otra, podrá reclamar indemnización, alegando la existencia de una gestión de negocios. Un contratista, en conversaciones preliminares para agrandar una casa, se da cuenta de que parte del inmueble amenaza ruina, si no se toman medidas inmediatas de protección. Contando casi ciertamente con la conclusión del contrato, desea hacer un servicio al propietario, y mientras dirige el plano necesario para la ejecución del trabajo proyectado, ordena que se efectúen algunas reparaciones urgentes. Este es un caso típico de gestión de negocios ajenos. Los gastos efectuados para las reparaciones serán seguramente reembolsados como útiles, y las pretensiones del empresario, al amparo del artículo 1.375 del Código francés, tendrán que triunfar ante los Tribunales. Puede ocurrir que, en esta hipótesis, no se encuentren reunidas, todas las condiciones de la gestión de negocios ajenos; si el propietario prueba, por ejemplo, que no se trataba de una gestión desinteresada del contratista; pero éste siempre podrá recuperar sus desembolsos por la acción de *in rem verso,* subsidiaria, ya que evitó una pérdida en patrimonio ajeno, con disminución del propio, enriqueciendo injustamente al propietario, si no reembolsa los gastos necesariamente efectuados.

En todos estos casos, existe una obligación especial. Si bien se trata de negocios preparatorios, de gastos y trabajos dirigidos a la conclusión del contrato, además tenemos una convención particular (poco importa que sea el mandato, la *locatio operarum* o una Sociedad en pequeño) o los beneficios derivados de la *negatiorum gestio* o de la *actio de im rem verso.* Desde el punto de vista jurídico, los gastos preparatorios del contrato pueden ser fácilmente recuperados.

En la práctica de los negocios, estas previsiones son muy frecuentes. Las partes, antes de tratar sobre negocios importantes, son prudentes, y desean garantizarse, contra los riesgos desagradables derivados de los desembolsos efectuados para un contrato que no llega a realizarse. Deben aprobarse estos usos sociales, porque establecen una base sencilla para determinar las responsabilidades. La simple cláusula, consignada en una carta o concertada durante la conversación, facilita considerablemente la atribución de las obligaciones surgidas durante el período preparatorio.

24. En otras ocasiones, las personas que entran en relación para un negocio, hacen constar desde el principio, que los gastos, desembolsos y trabajos, quedan exclusivamente a cargo, de la parte que no inicia el estudio

---

Véanse los números 82 a 99 de este trabajo.

2 En especial el artículo 1.787 del Código francés.

del negocio propuesto[3]. Así, anunciando en los periódicos que deseo hacer ejecutar determinado trabajo, por ejemplo, el arreglo de un parque, invito a los profesionales que pretendan efectuar este trabajo, a que se presenten en mi casa; si agrego que rechazo la carga de todos los gastos que se produzcan, como pueden ser los de viaje, planos y presupuestos, es indudable, que no tendré que efectuar desembolso alguno por estos conceptos, en el caso de que fracasen las conversaciones preliminares[4].

La idea es muy clara: me exonero por adelantado de toda responsabilidad. Los que deseen tratar conmigo, sabrán que deben sufragar los gastos que personalmente efectúen; si a pesar de mi declaración expresa, se obligan a realizar desembolsos, éstos constituirán un riesgo de la vida de los negocios.

25. Las cláusulas de no responsabilidad, en este caso, son perfectamente válidas, porque se refieren sólo a desembolsos materiales, que nadie está obligado a realizar. Salen, por tanto, del cuadro de la gran discusión, sobre la validez de las cláusulas de exoneración, en la ejecución de los contratos, cuya eficacia es frecuentemente negada por la jurisprudencia francesa, a pesar de la enorme autoridad de los defensores de estas cláusulas en la doctrina[5]. El que emplea dichas cláusulas, hace saber a los que desean entrar en relación, para un negocio determinado, que no quiere obligarse al reembolso de los gastos eventuales, si el contrato fracasa. Libre de consentir en este contrato, o de no otorgarlo, no se exonera aquí de las consecuencias de una falta cometida en la ejecución de dicho contrato, que es lo contrario a la moral y a la equidad (admitidas, sin embargo, en ciertas hipótesis para los transportes marítimos)[6], sino que simplemente, manifiesta con notoria prudencia, a las personas a quienes se dirige, que no se considerará obligado, pero sin imponer ninguna prestación a los interesados en el negocio, como ocurre con la cláusula de exoneración consignada en un contrato. Al admitir la posibilidad y eficacia de las cláusulas de no responsabilidad respecto de los desembolsos, gastos y trabajos realizados durante las conversaciones preliminares del contrato, debemos hacer una excepción, para el caso, de que una falta grave dolosa engendre dichas responsabilidades. Afortunadamente, es difícil encontrar una hipótesis práctica de este género.

Así ocurrirá, en el caso de que una persona, sabiendo que determinada empresa realiza pocos negocios, y que desea trabajar a cualquier precio, le envía una oferta, que implica ciertos gastos preparatorios, exonerándose, es claro, de las consecuencias. Esta empresa, alentada por la posibilidad de concluir un buen negocio, hace gastos. El contrato no se realiza, porque se retira la oferta, o el pedido provisional, con la intención de causar un perjuicio

3 En los prospectos de trabajos suele leerse esta cláusula: "La casa se pone enteramente a su disposición para hacer planos y presupuestos, sin ninguna obligación por su parte. Se le enviarán modelos y muestras para fijar precios especiales, etc." De este modo es el autor de la oferta quien carga voluntariamente con todos los gastos preparatorios. Estas cláusulas son muy frecuentes.

4 DURAND: *Des conventions d'irresponsabilité.* Tesis. París, 1931, páginas 295 a 302.

5 JOSSERAND; *Cours de Droit civil posilif francais.* II, números 470, 476, 622 y 624. París. Sirey, 1930.

6 RIPERT: *Droit Maritime.* II, números 1. 771 y siguientes. París. Rousseau, 1929.

a la empresa. Sería contrario a las buenas, costumbres, que semejante cláusula de exoneración, pudiese tener eficacia suficiente, para anular los efectos de un verdadero delito civil. Procede, en consecuencia, aplicar el artículo 1.382 del Código francés, y sobre la base delictual, acordar la indemnización correspondiente, en favor de la víctima, de la falta dolosa, cometida por la persona que propuso el negocio.

2.° — LAS PARTES PREVÉN LOS ACCIDENTES QUE PUEDEN OCURRIR EN EL CURSO DE LA PREPARACIÓN DEL CONTRATO.

26. Ya en el capítulo precedente hemos visto que los negocios preparatorios del contrato pueden nacer, no sólo a consecuencia de una pérdida patrimonial, trabajos, gastos, desembolsos, sino también a consecuencia de accidentes que pueden producirse con motivo de las conversaciones preliminares. Las partes pueden prever la solución de estas hipótesis en el momento de ponerse en relación para contratar, como efectúan frecuentemente respecto de los gastos y trabajos; más la validez y eficacia de estos acuerdos es cuestión delicada.

Dijimos que las partes prevén los resultados patrimoniales de sus conversaciones, acogiéndose a los modelos del contrato de Sociedad, mandato, arrendamiento, de obra o trabajo (la gestión de negocios y el enriquecimiento injusto no afectan a nuestra hipótesis). En estas convenciones, las partes son libres de prever la posibilidad de un accidente y la reparación de sus consecuencias. La parte que prevé, que para preparar el contrato principal expone su persona a ciertos daños, puede concertar un seguro, estipulando que las primas serán pagadas por la otra parte interesada, o bien establecerá una indemnización global o por un tanto alzado. El seguro podrá comprender, los accidentes a consecuencia de los cuales resulten perjuicios para las partes, o para terceras personas. Por ejemplo, tratándose de ensayar un explosivo, que hay que enviar muy lejos, el encargado de una de las partes futuras, puede asegurarse contra los accidentes, en que resulten perjuicios, para su persona o para terceros. El caso es particularmente interesante, cuando la convención preliminar se analiza, en un contrato de trabajo, porque entonces, si es aplicable la Ley francesa de 1898 sobre los accidentes del trabajo, y leyes análoGaz posteriores, la víctima de dicho accidente, obtendrá fácilmente su indemnización. Es preciso, sin embargo, que esta convención preliminar, tenga el carácter de un verdadero contrato de trabajo, y no el carácter de un contrato de trabajo por vía de ensayo, porque entonces, según la jurisprudencia francesa, que luego examinaremos, no es aplicable la legislación especial obrera, y hay que acudir a la ley ordinaria, probando la falta delictual[7].

Sabemos que las partes, pueden exonerarse en su oferta, para el negocio contractual, de toda consecuencia, en lo que concierne a obligaciones posibles, derivadas de gastos y trabajos efectuados, salvo si aquéllas nacen de faltas dolosas. ¿Podrán consignar la misma cláusula, respecto de los accidentes? Véase un ejemplo. El vendedor de un automóvil, al dejárselo al futuro

7 París, 5 de febrero de 1923 (*Gaz. Trib.* 1923, 2, 293) y Tribunal del Sena, 6 de junio de 1921 (*Gaz. Trib.* 1921, 2, 648). Véanse los números 140 a 143.

comprador para que lo ensaye, le dice: "De todo cuanto ocurra, yo entiendo no tener ninguna responsabilidad."

Tratándose de un contrato de trabajo por vía de ensayo, en la oferta de colocación, o por anuncio publicado en la fábrica, el patrono hace saber, que las consecuencias perjudiciales del accidente que pueda sobrevenir, correrán enteramente a cargo de las víctimas. ¿Qué pensar de esta práctica?

27. En principio, es imposible librarse de la responsabilidad derivada de una; falta; la aplicación del artículo 1.382 del Código francés, se considera que es cuestión de orden público y, por tanto, toda cláusula que tienda a mitigar o anular sus efectos es nula[8]. Es cierto, como hemos dicho a propósito de las cláusulas de exoneración por los gastos de trabajos preparatorios, que siempre que el accidente, en la preparación de un contrato, sea imputable a una de las partes, la otra, víctima de dicho accidente, podrá obtener la correspondiente indemnización, probando la falta cometida por su futuro cocontratante. El único efecto de la cláusula de no responsabilidad, por otra parte, muy útil, es que se entienda, que ningún Gazto preparatorio corre a cargo del favorecido con ella, salvo los perjuicios que sean imputables a sus faltas. En efecto, nadie puede exonerarse de su propia falta, cuando procede aplicar el artículo 1.382 del Código francés. Como además es frecuente, que la víctima del accidente, pueda ampararse en los preceptos que sobre responsabilidad objetiva contienen los artículos 1.384 y 1.386 del Código francés, tendrá interés en colocarse fuera de la aplicación del ya citado artículo 1.382, porque la prueba de la falta ajena, es cosa delicada y difícil en la realidad práctica de la vida. La presunción de falta objetiva, establecida en el párrafo 1° del artículo 1.384 del Código francés, no es absoluta, porque la prueba de la culpa exclusiva de la víctima, permite excluir su aplicación[9]. ¿Por qué no permitir a las partes, que entran en relaciones contractuales, que estipulen, que sólo la falta subjetiva, que debe probarse según el artículo 1.382 del Código francés, les haga responsables frente al futuro contratante, que no participe de la responsabilidad?

Es caso distinto, del que se presenta, cuando ocurre un accidente imprevisto, que da lugar al nacimiento de la obligación, entre dos personas que no se conocen, (como el automovilista que ve a su víctima la primera vez, en el momento de retirarse de debajo de las ruedas del coche).

Puede tener lugar, en el curso del ensayo para una venta, en cuyo caso, si nada se estipuló, habrá que aplicar el artículo 1.384 del Código francés; mas desde el momento, en que se hizo saber a la parte que desea ensayar el coche, que obra por su propia cuenta y riesgo, a menos que pruebe la falta del vendedor, como es libre de ensayar o no, si al fin se decide por el ensayo, debe ser prudente. Si el ensayo se hace bajo la dirección directa del *chauffeur* del vendedor, la estipulación de no responsabilidad quedará sin efecto, por oponerse al artículo 1.384 del Código francés (5.° Responsabilidad de los

---

8 Corte de Montpellier, 5 de diciembre de 1892 (Dalloz, 1894, 2, 451); de París, 22 de diciembre de 1894 (Dalloz, 1900, 2, 64).

9 Reg. 22 de enero de 1908 (Dalloz, 1908, 1, 217, nota de Gosserand); 10 de enero de 1914 (Dalloz, 1914, 1, 303); Tribunal civil de Lectoure, 10 de abril de 1925 (D., 1925, 2, 105, nota de Josserand).

patronos y comitentes por los actos de sus dependientes). Mas desde que hay una estipulación expresa del vendedor, en virtud de la cual, no responde, sino cuando se pruebe su falta, parece que quiere decir, que no responderá más que de las faltas cometidas por su *chauffeur*. No obstante, si la presunción de responsabilidad de los patronos y comitentes es absoluta en Derecho francés, no podrá exonerarse el vendedor, más que probando que ha sido imposible impedir el accidente[10]. Con esto no queremos decir, que se trate de un principio de orden público, análogo al contenido en el artículo 1.382 del Código francés, porque es, desde luego, posible siempre, declarar, a quien desea ensayar mi coche, que no respondo de los accidentes que puedan sobrevenir, a no ser que mi dependiente o yo cometamos una falta. En la práctica se llega muy raramente a estas hipótesis, porque para no asustar al futuro comprador se evita hablar de responsabilidades; mas podrá suceder, que un particular que hace ensayar su coche, por una persona que no conoce, tenga interés en librarse de los riesgos de semejante ensayo, limitando su responsabilidad a los casos de falta, cual ocurriría, por ejemplo, si el accidente se produjese por no haber advertido que cierta parte del motor no se hallaba en buen estado.

El problema se hace particularmente delicado, cuando se trata de accidentes ocurridos en el curso de un trabajo. Si este trabajo preparatorio tiene lugar sin una convención preliminar, es cierto que las partes pueden exonerarse de toda obligación de indemnizar, a no ser que concurra una falta probada. Mas si este trabajo preparatorio se efectúa bajo la égida de una convención preliminar, teniendo el carácter de un contrato de trabajo, la estipulación de exoneración, se opondrá al carácter de orden público de la ley sobre accidentes del trabajo, y especialmente al artículo 30 de la Ley francesa de 9 de abril de 1898, según el cual, semejante estipulación es imposible. Aún es preciso, para beneficiarse de los preceptos de la Ley francesa de 1898, que la víctima ostente un contrato de trabajo protegido por las disposiciones especiales sobre la materia, muy desfavorables a las víctimas, cuando sólo existe un contrato de trabajo por vía de ensayo, según declaró reiteradamente la jurisprudencia francesa[11]. En los contratos de trabajo para ensayo, ninguna prescripción de orden público impide en Francia las estipulaciones de exoneración; será, pues, posible que la parte interesada declare que no es responsable de los accidentes que puedan ocurrir en este caso, mientras no procedan de su propia falta.

De lo expuesto se deduce, la solución que debe darse, cuando el caso de que nazca la obligación de indemnizar, ha sido previsto por las partes, fijando en un acuerdo anterior dicha obligación, a cargo de aquella que corre con todos los gastos preliminares, a no ser que exista alguna prohibición expresa de la ley. La convención expresa o tácita de las partes, suministra una base sólida para la apreciación y posible decisión judicial.

10 En los Códigos extranjeros más recientes está permitido al amo o dueño hacer la prueba contraria, demostrando que su dependiente no cometió ninguna falta. Así, el artículo 831 del Código civil alemán y 55 del Código federal suizo de las obligaciones.

11 Corte de París, 5 de febrero de 1923 (*Gaz. Trib.*, 1923, 2, 293); Casación 24 de enero de 1927 (Sirey, 1927, 1, 107).

Seccion segunda

Ausencia de estipulación expresa de responsabilidad o no responsabilidad

28. Todas las dificultades del problema comienzan cuando nos encontramos ante trabajos, gastos, desembolsos y accidentes ocurridos durante las conversaciones preliminares para celebrar un contrato que, finalmente, no llega a otorgarse, sin que las partes interesadas hayan previsto nada sobre dichas cuestiones. Así ocurre con frecuencia en la realidad de la vida, sin que, por otra parte, concurran las circunstancias necesarias para estimar que existe la *negatiorum gestio* o el enriquecimiento injusto. Las conversaciones preliminares han comenzado; una oferta ha sido propuesta, y a consecuencia de la misma se efectúan gastos y se producen obligaciones; los actos de preparación han tenido, pues, lugar. Si la oferta se retira, ¿cuál es el fundamento de la obligación de indemnizar, en el caso de que exista? Algunas legislaciones permiten establecer que del acto mismo de la oferta se derivan obligaciones. La doctrina, por su parte, establece el fundamento de dichas obligaciones, sobre las bases más diversas. La jurisprudencia francesa es bastante prudente al determinar el fundamento jurídico de las mismas, según veremos más adelante. Pero el punto central de todas estas teorías es la oferta para contratar, que abre en cualquier caso el fuego de las conversaciones preliminares.

Es, pues, absolutamente necesario para, comprender el desenvolvimiento de la materia, que expongamos ligeramente algunas ideas generales sobre el mecanismo jurídico de la formación de los contratos.

1°– Mecanismo, de la formación de los contratos: Estudio especial de la oferta y la aceptación.

29. Mediante la oferta comienza el negocio entre dos partes, y mediante la aceptación se convierte en algo definitivo y permanente. Las conversaciones preliminares, durante las cuales deben efectuarse trabajos, pagarse diversos gastos y abonarse indemnizaciones por accidentes, que forman el objeto de este trabajo, viven, por decirlo así, bajo el signo de la oferta y tienen por objeto provocar la aceptación. Es esencial, por lo tanto, saber cuándo nos encontramos frente a una oferta jurídica, porque ella sólo es capaz de plantear el problema relativo a la obligación de indemnizar[12]. Es preciso distinguir la oferta verdadera de la proposición vaga, que no tiene ningún valor jurídico. Hay oferta cuando la proposición para contratar contiene la indicación de puntos suficientes, numerosos y precisos, para que el contrato pueda perfeccionarse mediante la simple aceptación de la persona a quien va dirigida[13]. Declaro vender tal objeto determinado, por tal precio: véase una oferta precisa, jurídica, sin que sea necesario más que un simple "sí" para su aceptación. En otros casos habrá simple reclamo, simple entrada en conversaciones preliminares, sin un

12 Papazol: *De l'offre et de l'acceptation*. Tesis. París, 1907, especialmente la página 102.

13 Demogue: *Traite des obligations*. II, pág. 153.

verdadero contenido jurídico; en una palabra, proposiciones vagas. Este es el caso de ciertos anuncios de ventas a precios moderados: "un negocio que convendrá muy bien al comprador", una casa para "vender ventajosamente". En estos casos no hay oferta verdaderamente jurídica: las proposiciones son demasiado vagas. Para el caso que nos interesa, véase una oferta perfecta . Tengo un automóvil para vender a tal precio. Sobre esta oferta comienzan las conversaciones preliminares y ensayos; durante estas medidas de preparación del contrato, ocurre un accidente, fuente de responsabilidad. Me dirijo a un contratista, diciéndole: "Tengo intención de construir un inmueble de esta clase determinada, y de arreglar un parque de tal estilo. Usted me ha sido particularmente recomendado. ¿Me quiere hacer saber los detalles exactos de este trabajo?" Sobre la base de esta oferta, el contratista hará sus planos y presupuestos. Otra cosa es la proposición vaga y la simple información.

El banquero que cree comprender en una conversación con cierta persona, que tiene necesidad de una suma considerable, se procura el dinero necesario. Aquí sólo hay una proposición vaga, con objeto informativo, porque la persona ha querido saber cuáles serán las condiciones de un empréstito, sin expresarse con exactitud. No tenemos, pues, una oferta jurídica con base seria para las conversaciones preliminares. Es, evidentemente, una cuestión de medida, la relativa a saber, cuándo estamos en presencia de una oferta obligatoria, por lo que, en ocasiones, presenta serias dificultades. Así, por ejemplo, el hotelero que anuncia en los periódicos que ofrece una habitación de dos camas por cincuenta francos diarios, no puede asegurar, a pesar de sus precisas indicaciones, que cada vez que entre alguien en el hotel encuentre alojamiento disponible. Mas si un día de afluencia de viajeros, el autobús del hotel me toma en la estación para transportarme a dicho establecimiento, ya entonces tendremos una oferta jurídica seria, pues al ocupar un puesto en el autobús, debo contar con encontrar seguramente una habitación en el hotel, pudiendo en caso contrario, reclamar que se me abone la correspondiente indemnización de daños y perjuicios[14]. Está igualmente considerada, como una oferta válida y obligatoria, por consiguiente, la que se efectúa por medio de los periódicos o de cartas, obligándose a pagar cierta suma en dinero a los que, aceptándola, efectúen tal o cual acto, durante determinado plazo[15].

La oferta jurídicamente perfecta es, pues, el primer acto de la formación de los contratos; sólo falta que sea aceptada. La aceptación marca y determina la conclusión o perfeccionamiento del contrato. Es muy importante conocer el momento de la aceptación, sobre todo en los contratos entre ausentes. Este caso fue estudiado muy detalladamente por la doctrina[16]. Siempre, la aceptación debe ser necesariamente expresa, más puede consistir en la ejecución del acto ofrecido. El artículo 1.985 del Código francés es, en materia de mandato, un ejemplo clásico de este género. La aceptación puede resultar también del silencio, cuando esta actitud parezca de otro modo extraña, cual ocurre si

---

14 DEMOGUE: *Traite des obligations.* II, pág. 155.

15 Bordeaux, 11 de mayo de 1858 (S. 1858, 2, 669).

16 VALERY: *Des contrats par correspondance.* Sobre la discusión interesante concerniente al sistema de la emisión o al de la aceptación pueden verse los tratados de Derecho civil o comercial, en los capítulos concernientes a la formación de los contratos.

dos comerciantes, después de algún tiempo, mantienen relaciones recíprocas de negocios. Uno dirige al otro una carta, con la orden de expedición de mercancías; el silencio prolongado sin rechazar el pedido, es un signo de aceptación[17].

En defecto de un texto general sobre la aceptación, en Derecho francés, no podrá generalizarse la solución del artículo 1.805 del Código civil de Luisiana: "La aceptación puede hacerse mediante el silencio y la inacción, en aquellos casos en que las circunstancias autoricen esta interpretación" Salvo casos excepcionales en Francia la aceptación expresa es necesaria (artículo 1.932, Código francés, por ejemplo). La materia es para nosotros muy interesante, porque si nos encontramos en una de estas hipótesis de casos raros, en los que la aceptación puede hacerse mediante la ejecución de la oferta, o en los que puede deducirse del silencio; si la persona que inicia el contrato cuenta con ella firmemente, y por tal causa efectúa Gaztos o trabajos, podrá pretender de la persona que ha otorgado su aceptación tácita, una indemnización sobre la base del contrato ya perfeccionado, con lo cual su situación será muy ventajosa[18].

2° — LA OFERTA ACOMPAÑADA DE UN PLAZO PARA REFLEXIONAR.

31. Es frecuente que, una vez propuesta una oferta para contratar, los interesados acuerden un plazo para reflexionar. Así es indispensable hacerlo entre ausentes, puesto que, en este caso, la mayoría de las veces no podrá obtenerse una respuesta inmediata, y también entre presentes, cuando la importancia del negocio requiera el examen previo de planos y antecedentes. Las partes pueden entonces señalar un plazo para la reflexión, obligándose a mantener la oferta durante este tiempo. Esta obligación de mantener la oferta, que la persona asume por su propia voluntad es de nuevo muy interesante para nuestro estudio. Si durante este plazo la otra parte, que cuenta firmemente con dar su aceptación, hace gastos en vista de la perfección

---

17 BAUDRY-LACANTINERIE-BARDE: *Obligations*. I, tercera edición. París. Sirey, 1906, 45.

LYÓN-CAEN-RENAULT: *Traite de Droit commerciale*. Quinta edición. París. Lib. General, 1923, tomo III, núm. 16.

AUBRY y RAU: *Cours de Droit civil*. Quinta edición, tomo IV, página 484, núm. 20.

Montpellier, 3 de Julio de 1885 (Sirey, 1886, 2, 56). Tribunal de Comercio. Nantes, 18 de mayo de 1906 (Dalloz, 1908, 2, 313).

Código de Comercio húngaro, artículo 320. Traducción de Grasserie. París. Durand, ed., 1894.

18 Puede ocurrir que a la oferta para contratar se conteste con unas contraposiciones o aceptando simplemente entrar en conversaciones preliminares; si sobre la base de esta aceptación especial se hacen gastos o desembolsos para preparar el contrato, podrá hablarse entonces de una responsabilidad especial del aceptante. Mas en este caso la doctrina está conforme en estimar que la contraproposición es una nueva oferta, porque no hay aceptación hasta el momento en el que las partes están de acuerdo. Así, si sobre la oferta de contratar respondo con una invitación a examinar los planos y presupuestos, esto constituye una oferta por mi parte, invitando a la otra parte a una actividad en interés del contrato. Esta es la solución de los Códigos modernos, como el alemán, y el proyecto de Código de obligaciones francoitaliano. Por esta razón podremos hablar en lo sucesivo de una obligación a cargo del oferente.

del contrato, y la oferta se revoca durante el plazo de reflexión, no cabe duda, que el oferente puede incurrir en responsabilidad, con objeto de permitir a la parte lesionada, el reembolso de los gastos inútilmente realizados. En efecto, podemos calificar al plazo de reflexión que acompaña al ofrecimiento, como una obligación expresa. Es de advertir, que la parte que concede un término para reflexionar, no debe esperar que la parte beneficiaria del plazo conteste aceptándolo, porque su aceptación se presume tácitamente.

La parte que en su oferta se obliga a mantenerla durante cierto plazo, no se priva por ello de su derecho a retractarse; pero en tal caso, queda obligada a reparar el perjuicio, que consiste normalmente, en el importe de los gastos y trabajos efectuados inútilmente. El fundamento jurídico de esta obligación es, en nuestra opinión, contractual. Se puede decir, es verdad, que, mediante la retractación culpable, el oferente ha causado un perjuicio que deberá repararse teniendo en cuenta el precepto general de equidad establecido en el artículo 1.382 del Código francés; más si hay culpa no puede ser calificada, porque resulta de la inejecución de una convención concluida, entre las partes a propósito de mantener la oferta, y los daños y perjuicios, en este caso, deben ser reclamados conforme al artículo 1.147 del indicado Código francés. Esta es la opinión casi unánime de la doctrina continental[19], quien reconoce que la oferta, acompañada de un plazo para reflexionar, no puede ser revocada, más que indemnizando a la otra parte, los daños que haya podido sufrir con este motivo. Si ofrezco cien sacos de trigo a un precio ventajoso, dejando tres días de reflexión, y pasado un día vendo dichos sacos a otro comerciante, es indudable, que quien recibe la oferta puede probar un perjuicio, sea por no haber aceptado otra oferta, sea por haber arreglado el almacén para recibir la mercancía, sea por otras causas. Esta doctrina se apoya en textos numerosos de las legislaciones positivas que hablan de la formación de los contratos.

32. Es curioso hacer constar el contraste que ofrece la solución adoptada por la doctrina mercantilista inglesa, que aún permanece fiel a la exigencia de un acuerdo perfecto para que nazca la obligación. Así, Pollock[20], en su tratado clásico sobre los contratos, nos demuestra que, en Derecho inglés, la oferta por sí sola no tiene ninguna fuerza obligatoria propia, y que el plazo de reflexión que puede acompañarse, se estipula a favor del oferente, por lo que tiene una fuerza obligatoria negativa. Si acuerdo un plazo de reflexión, lo hago en mi propio interés, para que toda aceptación posterior se tenga por no hecha, más sin limitar mi completa libertad, en orden al derecho de revocar el ofrecimiento durante el plazo, quedando exento de toda responsabilidad por daños y perjuicios.

Esta práctica y doctrina, en contradicción con las exigencias de la técnica del comercio moderno, es poco comprensible en un pueblo tan comerciante como el inglés. Verdad es también que, en principio, la palabra dada goza de

19 Véanse las obras de los autores citados en esta sección.

20 POLLOCK (Sir F.): *Principles of contract.* Quinta edición. London, 1889.

STEVENS and SONS (novena edición, 1921, pág. 25): "In our own law the effect of naming a definite time in the proposal is simply negative and for the proposers benefit; that is it operates in a Warning, that an acceptance will not berecived after the lapse of the time named, not as a unterdaking that of given souner it schall bi."

gran fuerza vinculante, según los usos comerciales ingleses y, por tanto, que quienes concedieron un plazo para reflexionar, no se retractarán de la oferta durante el mismo, sobre todo si la persona a quien se dirigió el oferente insiste especialmente, sobre la necesidad de mantener el plazo de reflexión.

Con la sola excepción de la doctrina inglesa, hoy están conformes los tratadistas, en que, concedido un plazo para reflexionar, esta cláusula goza de efecto obligatorio, en el sentido, de que su revocación, antes de expirar el término, implica la necesidad de reparar el daño causado.

3° — LA OFERTA NO CONTIENE ESTIPULACIÓN DE PLAZO.

33. No es raro que las partes entren en conversaciones preliminares sobre una oferta para contratar, en la que se omita toda determinación de plazo expreso para reflexionar. La revocación puede entonces acordarse libremente, sin que el oferente esté obligado a mantener su proposición. Aquí se presenta una solución muy sencilla y cómoda, porque puede afirmarse, que la oferta no produce sus efectos, más que mediante la aceptación. Una vez revocada, antes que se dé la aceptación y, por tanto, se perfeccione el contrato, no obliga a nada[21]. Llevar a estos excesos la libertad de revocación, conduciría a efectos perjudiciales y poco equitativos. Entre presentes, la aceptación puede darse inmediatamente, y lo mismo por teléfono, excepción hecha de los numerosos casos, en que el negocio pide cierta reflexión más detenida; pero entre ausentes, el plazo es necesario; al menos se exige el tiempo material para dar lugar a que pueda recibirse la respuesta. Una doctrina bastante poderosa declara entonces, que toda oferta para contratar, sobre todo entre ausentes, implica la concesión de un plazo tácito para reflexionar, plazo que varía según los usos, el género del contrato, y la distancia entre las partes. La apreciación de este plazo se deja a la conciencia del Juez. Durante el repetido plazo, la revocación de la oferta, obliga a reparar los daños causados, lo que es, desde luego, muy interesante para el objeto de nuestro estudio.

34. Las legislaciones más modernas que se ocupan de la formación de los contratos, dictan disposiciones especiales en este sentido. Así, el Código federal suizo de las obligaciones, en sus artículos 3.° y 5.°[22] el Código civil austríaco, en su artículo 862, y el Código civil alemán, en su artículo 147, párrafo segundo, tratan detenidamente la cuestión. Este último Código preceptúa, que "la oferta hecha a un ausente, no puede ser aceptada, más que hasta el momento, en el que la persona que hace dicha oferta debe esperar, en

---

21 Esto nos obliga a fijar la atención sobre la importancia de las teorías concernientes a la formación de los contratos entre ausentes, porque si se adopta la *teoría de la emisión,* el contrato queda formado desde que se la aceptación, y, si, por el contrario, se prefiere la *teoría de la recepción,* dicho contrato no se perfecciona hasta el momento en que el oferente queda enterado de la aceptación. La jurisprudencia de los diferentes países varía sobre este punto. La mayoría de la doctrina francesa prefiere el sistema de la recepción, que prolonga el período de incertidumbre, pero con el fin de que resulte más seguro el momento de la perfección del contrato. (Véase Demogue: *Obligations.* II, núms. 573 a 581. Colin y Capitant. II, págs. 29 y siguientes.)

22 Para más detalles puede verse *Commentaire du Code federal suisse des obligations du 30 mars 1911,* por Fick y Porret. Neuchatel, 1915. I, págs. 33 a 39.

condiciones ordinarias, a recibir la respuesta"[23]. De esta manera se establece por ministerio de la ley un plazo normal de reflexión.

Aún más preciso es el Código de Comercio húngaro, cuyo artículo 315, párrafo primero, está concebido en los siguientes términos: "Entre ausentes, el oferente, cuando un plazo determinado no se ha fijado para la aceptación, queda obligado durante el tiempo que normalmente es necesario para la respuesta"[24]. En estos casos, la obligación de mantener la oferta, exigida por la ley, consagra claramente el uso social, que autoriza a la parte que recibe dicha oferta, para reflexionar durante algún tiempo antes de aceptar[25].

35. En Derecho francés no hay ningún texto que se ocupe de esta cuestión; pero los usos de comercio tienden a consagrar la obligación de mantener la oferta durante un plazo razonable. Demolombe se hace intérprete de estos usos, y después de habernos dicho que si se da un plazo para reflexionar no se puede retirar la oferta antes de este plazo, continúa así: "Agregad que en los usos de comercio está universalmente admitido, que quien hace una oferta por carta, contrae la obligación tácita de no retirarla antes de que expire el plazo necesario, para que la persona a quien va dirigida, pueda responder y aceptar. De aquí que concluyamos afirmando, que si la aceptación ha tenido lugar en el límite de este plazo, el oferente no puede retirar su oferta, y la convención quedará firme y subsistente a pesar de cualquier retractación"[26].

Tomando como base los mismos usos del comercio y explicándolos por razones de orden práctico, Lyón-Caen y Renault admiten igualmente la existencia de una obligación de mantener la oferta firme durante cierto plazo razonable. "Según los usos del comercio, quien ha hecho una oferta, está obligado a no retirarla, antes de concluir el plazo necesario, para que la persona a quien va dirigida pueda responder." Por consecuencia, si la aceptación se hace en este plazo, el contrato se forma a pesar de cualquier retractación del oferente. Si el contrato no se ejecuta, puede reclamarse indemnización de daños y perjuicios; el uso mercantil se justifica por razones de orden práctico, porque el recepcionario de la oferta que desea aceptar puede haber efectuado gastos considerables. En cuanto a la determinación del plazo, los Jueces gozan de un poder amplio, teniendo en cuenta los hábitos de las partes y los usos"[27].

Como vemos, esta doctrina tiene sobre todo en cuenta las necesidades prácticas, para evitar el daño que puede producirse a la parte que desea aceptar el contrato, y efectúa gastos o ya comienza su ejecución, creyendo que la oferta será mantenida al menos conforme a los usos[28]. La tesis favorece la seguridad y solidez de los negocios, en detrimento quizá de su rapidez.

---

23 *Code civ. allemand.* Traducción francesa de Gruber. Edición de 1900. Strasbourg.

24 *Code com. Hongrois.* Traducción francesa de La Grasserie. Edición 1894. París.

25 El proyecto de Código de obligaciones y contratos franco-italiano (texto francés, aprobado en octubre de 1927, edición de 1929), en sus artículos 1. ° a 4. ° se ocupa de la formación del contrato y regula la oferta y aceptación como los Códigos más recientes.

26 DEMOLOMBE: *Cours de Code Napoléon. Traité des contrats.* XXIV, págs. 65-66 Tercera edición. París, 1842-1883.

27 *Obra cit.* III, núm. 15.

28 A veces este párrafo es muy reducido; por ejemplo, hasta la vuelta del correo.

Después de haber demostrado la existencia de una obligación implícita en la oferta, (la obligación de mantenerla durante el plazo necesario para hacer posible su aceptación), podemos decir, que la retractación de dicha oferta durante este plazo, cuando causa un daño, obliga a su reparación. El fundamento, la base jurídica de la obligación de indemnizar, está aquí en la convención tácita de mantener la oferta. Es, pues, una base contractual.

4° – LAS CONVERSACIONES PRELIMINARES PUEDEN IMPLICAR RESPONSABILIDAD PARA LAS PARTES.

36. Mas fuera de esta obligación de mantener la oferta, sobre todo cuando el contrato se perfecciona entre ausentes, ¿puede decirse que la oferta, mediante 1a que se entra en conversaciones serias, contiene la obligación general de reparar los perjuicios que causa, cuando no llega a tener lugar la conclusión definitiva del contrato? La doctrina general se decide hoy por la afirmativa. Esto es importante, porque permite que obtenga una indemnización equitativa, la persona que, en la esperanza de llegar a la conclusión de un contrato, efectúa trabajos o realiza gastos.

El Código civil alemán, en su artículo 145, concede fuerza obligatoria a la oferta: "El que propone a otro la conclusión de un contrato, debe atenerse a su oferta, a no ser que se haya excluido este vínculo"[29]. Consagración de la teoría de la declaración unilateral de la voluntad, como base de una obligación, la oferta contiene, al mismo tiempo que la proposición de un trato, la proposición de obligarse a mantenerla, de reparar los perjuicios que pueda causar[30]; en una palabra, la oferta obliga a asumir toda la responsabilidad derivada de ella misma. La perfección del contrato sólo depende de la aceptación. El Código de Comercio italiano, en su artículo 36, con una redacción un poco obscura, obliga al que revoca la oferta al pago de una indemnización, cuando esta revocación produjo perjuicios[31].

37. Un texto más claro y decisivo, es el del artículo 37 del Código de Comercio rumano, que expresa de manera muy compresible la idea comprendida en el tercer párrafo del artículo 36 del Código italiano. Leemos: "En tanto que el contrato no es perfecto, la oferta y, la aceptación es revocables, aunque la revocación impida la perfección del contrato; pero si llega a conocimiento de la otra parte, después que había comenzado su ejecución, el que revoca responde, sin embargo, de los daños y perjuicios"[32]. La aplicación práctica de este texto permite que se reparen todos los daños causados, por la retractación de la oferta del contrato. Antes de aceptar, pero contando con la aceptación,

---

29 *Código civil alemán.* Traducción francesa de Gruber. Stras-bourg, 1900.

30 Sobre la obligación resultante de la oferta basada en la deciaración unilateral de voluntades, véase Colin y Capitant: *Cours elementaire de Droit civil francais.* Sexta edición. 1931. Dalloz, págs. 271 y 272.

31 *Código de Comercio italiano,* de los cinco Códigos de Franchi-Milano, 1924, artículo 36, párrafo 3. °: "Sino ache il contratto non e perfetto, la proposta e l'accettazione sono revocabili, ma sebberie la rivocazione impedisca la perfezione del contratto... si esse giunga a notizia dell' altra par dopoche questa ne ha impressa l'essecuzione, il rivocante e tenuto al risarcimento dei dammi."

32 *Code de Commerce roumain.* Traducción francesa de Blumenthal. Paris, 1889. Pichon.

hago un viaje costoso, ensayos dispendiosos, y cuando aún no pude dar mi aceptación, la oferta es revocada. Teniendo a mi disposición un artículo de la ley, como el 37 del Código de Comercio rumano, puedo recuperar todos estos desembolsos mediante el ejercicio de una acción de daños y perjuicios. Quizá las palabras "después que había comenzado su ejecución", del texto citado, hagan creer, que se trata del caso en el que la parte, firmemente convencida de su aceptación, ejecuta ya el contrato ofrecido, (una suerte de aceptación implícita mediante la ejecución de la oferta); pero esto sólo, podrá realmente deducirse, leyendo sin la debida atención el texto de la ley rumana. Admitiendo que la revocación es siempre posible antes de la aceptación perfecta, puesto que sin ella no hay contrato, el artículo 37 del Código de Comercio rumano, acuerda conceder indemnización de daños y perjuicios, si antes de la revocación de la oferta, la parte recepcionaria de la misma, había comenzado su ejecución. No puede referirse el indicado precepto legal a un contrato existente, porque desde el momento de su perfección, ya no es posible la revocación de la oferta. En la palabra *ejecución* deben comprenderse todos los actos que sirven para la preparación y conclusión definitiva del contrato. Un texto así de claro es muy útil para resolver cuestiones delicadas que se presentan en la práctica, respecto de los efectos de la revocación de una oferta.

38. En defecto de un texto preciso, está permitido discutir, si la oferta para contratar implica responsabilidad, un germen de obligación para el que la ha emitido (ya hemos visto antes, que el sistema inglés consagra aún hoy la perfecta libertad del oferente y del aceptante, es decir, que no implica obligación alguna), prescindiendo de la concurrencia de una falta grave. En el sistema inglés, todos los gastos y trabajos realizados en vista de la conclusión del contrato son tratados como actos de especulación, que siguen la suerte del contrato. Si el contrato no se ha llegado a perfeccionar, los gastos quedarán a cargo del que los realiza.

La doctrina clásica francesa, tiende generalmente a agregar una obligación, a la oferta contractual. Se admite que sea revocable, pero no que esta revocación pueda dañar a la parte a quien va dirigida. Pothier, que se ocupa de esta cuestión a propósito de los tratos que pueden concluirse entre ausentes, después de haber declarado que la oferta es siempre revocable, mientras no haya sido aceptada, se expresa así: "Pero debo indemnizar a mi corresponsal de la pérdida y Gazto que le he causado por la proposición que le hice, y que no quiero ejecutar hoy, porque *nemo ex alterius facto praegravari debet*"[33].

Demolombe es de la misma opinión en la parte de su tratado sobre las obligaciones que estudia la oferta y su retratación[34].

Emile Ripert desea también que la retractación de la oferta no cause ningún perjuicio y, en conclusión, admite la existencia. de una responsabilidad a cargo de la parte que revoca dicha oferta[35]. Sólo el gran comentarista belga Laurent defiende una opinión contraria, la libertad de la revocación y del consentimiento. Las partes son libres de usar de su derecho de revocación,

33 POTHIER: *Traite de la venta,* núm. 32. París, 1806.

34 *Obra cit.,* tomo XXIV, núms. 65 y 66.

35 RIPERT: *La vente commerciale,* págs. 33 a 39. París, 1875. Maresq, editor.

sin incurrir en responsabilidad alguna con este motivo, *neminem laedit qui jure suo utitur.* "El aceptante no puede quejarse de perjuicio alguno, porque él sabe o debe saber, que, hasta el momento de la aceptación, el proponente puede retirar su oferta"[36]. La parte ha hecho un falso cálculo, una mala especulación, es ella misma la que debe perder.

39. En la doctrina clásica, fuera de Francia, los trabajos más importantes se han realizado por los autores alemanes, sobre todo después de Ihering, quien creyó encontrar esta noción en los textos romanos, poniendo en circulación la *culpa in contrahendo*[37]. En la doctrina germana, entre las opiniones más notables sólo encontramos la de Demburg, coincidente con las ideas de Laurent. Criticando a Ihering, pretende que no se puede ver en los textos del Derecho romano, la existencia de una *culpa in contrahendo;* salvo ciertas alusiones con ocasión de la venta de una heredad inexistente *(Digesto,* 18-4-1 y 18 y 19) y de una cosa *extra commercium (Digesto,* 18-1-1-6-1). (Esto nos recuerda la famosa discusión alrededor de la responsabilidad por la nulidad de la venta de una cosa de otro, en Derecho francés, según el artículo 1. 599 del Código civil.) No existe claramente semejante *culpa in contrahendo* si entramos en conversaciones preliminares y luego se rompen arbitriamente, porque se ejercita un derecho, y las partes deben saber, que si no hay aceptación, en cualquier momento puede revocarse la oferta[38].

Haciéndose intérpretes de estas opiniones, desfavorables a una obligación de reparación que reconozca como fuente la retractación de la oferta, Baudry-Lacantinerie y Barde son del mismo parecer[39]. Después de haber criticado las diferentes opiniones emitidas a este propósito, crítica de la que nos ocuparemos en el capítulo siguiente, con ocasión de examinar el fundamento jurídico de la obligación de indemnizar que admitimos, concluyen afirmando, que la sola fuente de la reparación del daño causado por la retirada de la oferta, es la obligación legal que se deriva del artículo 1.382 del Código francés. Mas este punto es demasiado delicado, porque quien utiliza su derecho de revocación no comete ninguna falta; será, por tanto, preciso que la revocación de la oferta, venga acompañada de un elemento especial, para que pueda calificarse de falta o negligencia. "Preferimos admitir, con Laurent y algunos autores extranjeros, que la retirada o extinción de la oferta, en ausencia de toda falta o negligencia de parte del policitante o sus herederos, no da. lugar a la apertura de la indemnización por daños y perjuicios. Pero debemos agregar que, en vista de las grandes facilidades de comunicación, como existen en nuestros días, los Jueces deberán casi siempre admitir que hubo negligencia por parte del policitante o sus herederos. Podrán, seguramente, en muchos casos, por aplicación del artículo 1. 382 del Código francés, considerarles como

---

36 LAURENT: *Principes de Droit civil.* Tomo XV, pág. 554. París-Bruxelles, 1878.

37 IHERING: Culpa in contrahendo, en "Obras escogidas". Tomo II, páginas 1 a 101. Traducción francesa de O. de Meuleneere. París, 1893. Maresq, editor.

38 DERNBURG: *Pandekten.* Octava edición (Dernburg-Sokolowsk). Tomo II. Berlín, 1912, 266, pág. 557: "Keine culpa in contrahendo, liegt vor wenn man verhandlungen anspinnt und nachher wilkuerlich abbricht... denn dies 1st das Recht eines Jeden und der andere. Teil muss wissen dass dergleichen stets eintreten kann."

39 *Obra cit.,* tomo I, núm. 32.

responsables, por la sola circunstancia de no haber utilizado oportunamente el telégrafo para comunicar la revocación de la oferta"[40]. Estas reservas prácticas, parece que destruyen la negación rigurosa de una obligación, a cargo de quienes retiran la oferta, y que prácticamente, por aplicación del artículo 1. 382 del Código francés, podrá llegarse a obtener la indemnización del daño o del perjuicio[41].

40. Ya Thon toma una posición completamente opuesta a la de Dernburg, afirmando que existe una obligación de reparación a cargo de quien retira la oferta y rompe las conversaciones preliminares[42]. Gran parte de la doctrina es del mismo parecer. Roth afirma que la opinión que predomina hoy, es aquella que en interés del comercio y de la seguridad de los negocios, quiere que la ruptura de las conversaciones preliminares, implique una acción de responsabilidad, singularmente en aquellos casos, en que el receptor de la oferta, está ya preparado para ejecutar el contrato y ha efectuado gastos[43]. La mayoría de la doctrina civilista y mercantilista es de idéntica opinión[44].

Es cierto, que, en las tendencias doctrinales, se consagra la libertad de las partes para revocar la oferta; pero también lo es, que esta revocación no debe ser nunca fuente de daños. Claro es que los gastos, desembolsos y trabajos efectuados por quien recibe la policitación, deben haberse realizado en virtud de una verdadera oferta jurídica y no mediante simples proposiciones e informaciones vagas. Por esta razón, antes insistimos en la necesidad de conocer exactamente, cuándo existe una precisa y clara oferta. Obligar los valores del patrimonio sólo por simples proposiciones, es una pura especulación, que lleva consigo multitud de riesgos; pero cuando la obligación patrimonial se realiza a consecuencia de una verdadera oferta jurídica, ya nace un negocio preparatorio del contrato entre los interesados, que en interés del comercio en general, merece una protección más fuerte, que la que pueda otorgarse, a las especulaciones derivadas de simples proposiciones, sólo amparadas por la regla general del artículo 1.382 del Código francés. Este precepto debe aplicarse con mucha prudencia, porque la culpa en el daño causado por simples proposiciones debe ser más grave que una simple negligencia.

41.° Planiol, Ripert y Esmein fijan su atención, sobre el perjuicio que produciría, que se acordase por la ley la misma protección, a la verdadera oferta jurídica y a las simples proposiciones o conversaciones[45]: "No podemos pensar que la ruptura de las simples conversaciones sea, en ausencia de toda culpa precisada más tarde, una fuente de responsabilidad. La doctrina

---

40 *Obra cit.*, pág. 50.

41 En el mismo sentido: GIORGI: *Teoría della obligazioni.* Cuarta edición. Firenze, 1896, III, núms. 225 y 240.

42 THÖN: "Die Haftpflicht des Offerenten bei Wiederruf seiner offerte", en *Archiv. fuer die zivilistische Praxis.* Tomo LXXX, 1893, páginas 94 y siguientes (pág. 63 y siguientes).

43 *Obra cit.*, págs. 329 y 330.

44 Véase sobre este punto: FAGGELLA: *Obra cit.*, págs. 324 y siguientes. —VIVANTE: *Traite de Droit commercial italien.* Traducción francesa por Escarra. París. Giraud, 1912, IV, núms. 1. 546 y 1. 548.

45 PLANIOL y RIPERT: *Traite practique de Droit civil frangais.* VI, con el concurso de Paul Esmein, núm. 133, pág. 176.

enunciada confunde la oferta y la simple proposición. Sólo la primera tiene carácter obligatorio. Sin duda puede ser muy difícil, sobre todo en los casos de conversaciones largas y complejas, que implican confección de presupuestos, cuentas, planos, etcétera, determinar si hubo o no oferta verdadera, teniendo en cuenta que puede, haber ofertas y acuerdos parciales, aunque todas las condiciones del contrato no se hayan precisado. Pero nadie sostendrá que toda hipótesis de ruptura de conversaciones preliminares, genera responsabilidad des, si de la misma se deriva un perjuicio apreciable. Según esto, entrar en conversaciones, especialmente en materia de trabajos a ejecutar por contratistas, será muy perjudicial..."

En efecto: sería temerario pretender, que siempre que dos personas se hacen proposiciones vagas o a título de información, nace a su cargo una obligación, aunque no pueda demostrarse la existencia de falta culpable; pero la reserva prudente de estos autores es un poco exagerada, porque hablan de las conversaciones preliminares considerando que están en el mismo nivel que las proposiciones vagas. Es, sin embargo, interesante, y especialmente para el Juez de hecho, distinguir en las conversaciones preliminares, los elementos de una oferta verdadera y los que corresponden a una simple proposición, porque la parte lesionada, víctima de sus gastos, desembolsos y trabajos, pretenderá que ha visto en estas conversaciones una oferta y que, por esta razón, la ruptura de las mismas constituye su injusta revocación. A nuestro parecer, todo esto es una cuestión de prueba que debe quedar a la apreciación del Juez de hecho. Si este Juez encuentra que hubo en las proposiciones o conversaciones preliminares algo más preciso que proposiciones vagas, y todo ello es cuestión de medida, podrá acordar una indemnización por el daño causado a consecuencia de la retractación de la oferta.

Encontramos además una doctrina bastante constante en la jurisprudencia francesa, sobre la categoría especial de oferta para contratar, que los autores llaman *policitación colectiva*[46]. Esta oferta, dirigida frente a todos, se considera con fuerza obligatoria por la jurisprudencia[47]. De ello hay numerosos ejemplos. Prometo una recompensa a quien encuentre y me entregue una cosa perdida. Esta oferta, me obliga; se considera que hay aceptación tácita de parte de quien devuelve el objeto perdido. La persona que entrega el objeto perdido tendrá un derecho propiamente dicho sancionado con su correspondiente acción. Una empresa de transportes anuncia que porteará mercancías en tales condiciones y según tal tarifa. Queda obligada respecto de las personas que se presenten demandando sus servicios. Una Sociedad emite acciones, abriendo la oportuna suscripción pública. No puede rechazar a ningún suscriptor. Un comerciante anuncia al público sus condiciones de venta, sea valiéndose de los periódicos, sea publicando los precios en sus escaparates. No puede negarse a tratar con las personas que se presenten para comprar. En consecuencia, la policitación u oferta colectiva es obligatoria. La jurisprudencia explica su

46 Beudant: *Cours de Droit civil francais. Les contrats et les obligations.* París. Rousseau, editor, 1906, núm. 82, pág. 44.

47 Entre las decisiones más explícitas están las de la Corte de Aix, de 8 de febrero de 1853 (Dalloz, 1855, 2, 329); Tribunal Civil del Sena, de 5 de enero de 1869 (Dalloz, 1869, 3, 14); Corte de Bordeaux, de 8 de marzo de 1881 (Sirey, 1882, 2, 63).

doctrina de la manera siguiente: La policitación se constituye en la medida y en las condiciones anunciadas, en estado permanente de oferta frente al público, poniéndose de este modo a su disposición, obliga por ella misma y cada uno está facultado para intervenir en el acto, aprovechándose de dicha oferta. Puede ser que en esta doctrina se encuentre alguna cosa de la teoría de la declaración unilateral de voluntad. La oferta hecha al público recibe una fuerza obligatoria y no puede revocarse si los terceros ya la conocen. Hay una suerte de obligación unilateral a cargo de quien emite la oferta. La doctrina de la jurisprudencia francesa, especial evidentemente para el caso de la policitación colectiva, se aproxima mucho a la teoría general consagrada en el artículo 145 del Código alemán, donde se establece que "quien propone a otro la conclusión de un contrato, queda sujeto a la oferta, a no ser que esta obligación quede excluida"[48].

42.° Respecto de la oferta ordinaria, que causa gastos a la otra parte, la jurisprudencia francesa procura conceder indemnización de daños y perjuicios a favor de la persona perjudicada, cuando se han roto las conversaciones preliminares, según veremos detalladamente en la segunda parte de esta obra. Afirma en principio la existencia de una obligación, dirigida a la reparación del perjuicio causado durante la preparación del contrato; si el fundamento que prefiere es el de la culpa comprendida en el artículo 1.382 del Código francés, ampliamente interpretado, es, sin embargo, verdad que de esta jurisprudencia puede deducirse la existencia de una obligación precontractual. La expresada conclusión es suficiente por el momento.

En definitiva, podemos afirmar la existencia de una obligación que tiene por objeto, la reparación del perjuicio sufrido por la persona que ha efectuado gastos en vista de la preparación de un contrato. En el capítulo siguiente estudiaremos el fundamento o naturaleza jurídica de esta obligación.

---

48 *Code civil allemand.* Traducción francesa de Gruber. Strasbourg, 1900.

Capítulo II

El fundamento y la naturaleza jurídica de la obligación precontractual: sus efectos

44. Después de haber admitido que existe en el Derecho moderno una obligación de reparar el perjuicio causado a consecuencia de haberse roto las conversaciones preliminares, obligación que llamamos precontractual para mayor comodidad, ya que nace durante el período de preparación del contrato, debemos agregar que si todos los autores están conformes al admitir con más o menos extensión dicha obligación, sus opiniones aparecen muy divididas, en lo que concierne a la naturaleza jurídica de la misma. Estas discusiones no tienen sólo importancia teórica, porque es muy interesante conocer el fundamento de cada obligación para fijar su extensión. Por este ranzón recorreremos las diferentes opiniones emitidas.

Roubier realizó un estudio muy completo y profundo sobre la cuestión relativa a la responsabilidad precontractual[1], dando nociones demasiado extensas para el cuadro limitado de nuestro estudio. Sus investigaciones terminan en 1911, por lo cual habrá que tener presentes algunos de los estudios posteriores.

Es difícil dar una idea precisa de la multitud de teorías existentes sobre la interesante cuestión que estudiamos, puesto que se basan en los más diferentes fundamentos y se critican recíprocamente. Para llegar a exponer algunas directrices de esta masa de opiniones, las agruparemos según que admitan un fundamento más o menos común. Podemos observar que hay opiniones que tienden a admitir una base contractual, que otras pretenden que la base de la obligación precontractual es delictual o bien derivada de la buena fe y de la equidad que debe presidir las relaciones del comercio según los usos sociales. En fin, hay una cierta tendencia a considerar que estas obligaciones constituyen un grupo *sui generis*. Después de esta breve explicación, examinemos las teorías de la doctrina.

1 Roubier: *Obra cit.*

SECCION PRIMERA

LAS TEORÍAS QUE DAN A LA RESPONSABILIDAD PRECONTRACTUAL UN CARÁCTER CONVENCIONAL

1.° — TEORÍA A BASE CONTRACTUAL PURA.

45. Una doctrina bastante poderosa ve en la obligación que resulta de la preparación del contrato una obligación a base contractual. Las opiniones difieren sobre la explicación de este fundamento contractual; pero, en principio, todos estos autores parten de la voluntad de los interesados. Ihering ha mostrado, en su famosa disertación sobre la *culpa in contrahendo*, que la parte que entra en conversaciones preliminares con otra y no emplea la mayor diligencia, comete una falta[2]. El resultado de esta falta difiere según sus consecuencias, más o menos perjudiciales. Puede producirse la nulidad del contrato por una causa o un vicio inherente a su conclusión: una de las partes engaña a la otra sobre su capacidad para contratar; esta es quizá la causa de la ruptura injustificada de las conversaciones preliminares, que produce un perjuicio material apreciable para el otro interesado, quien suponiendo razonablemente que se llegaría a la conclusión del contrato, ha efectuado gastos o trabajos preparatorios. El perjuicio se deriva de la preparación del contrato y, por tanto, debe ser separado tomando como base el contrato futuro que deseaban otorgar los interesados. La culpa *in contrahendo* es una falta cometida con ocasión de la conclusión de un contrato, distinta de la culpa extracontractual o aquilina. Consecuencias prácticas de esta doctrina: La reparación se efectúa en virtud del contrato preparado, aunque no perfeccionado o nulo. Es una acción derivada del mismo contrato para reclamar indemnización de daños y perjuicios.

Hallándose la base de dicha acción en la responsabilidad contractual, en Derecho francés, la indemnización debe acordarse en virtud del artículo 1.147 del Código civil, que contiene el principio de la inversión de la prueba a favor del acreedor, quien, por tanto, queda relevado de probar el vínculo causal. La adopción de la responsabilidad contractual implica también otras ventajas, especialmente en la materia concerniente a la prescripción[3].

46. Labbé, en una larga nota, es partidario de la misma doctrina[4]. En un asunto complicado, donde se trataba de determinar la responsabilidad de la mujer dotada por los daños resultantes de cierto contrato, llega a la conclusión de que los daños que la mujer dotada puede causar al contratar, si no hay delito, en el sentido del artículo 1.382 del Código francés, deben ser apreciados desde el punto de vista de la responsabilidad contractual, por lo que no obligan a los bienes dótales de la indicada mujer, patrimonio inalienable que constituye una limitación de la capacidad (artículo 1.554, Código francés). Véanse algunos párrafos de dicha nota: "Podríamos obtener algunas consecuencias

---

2 IHERING: *Obra cit.*, págs. 77 a 83.

3 Véase en este punto lo que se expone en los tratados elementales de Derecho civil. — JOSSERAND: *Obra cit.*, núms. 478 a 488. — COLÍN y CAPITANT: *Obra cit.*, 1928, pág. 379 a 381, etc.

4 Sobre C. Pau, 2 de junio de 1880 (Sirey, 1882, 2, 249).

del Derecho romano. En los contratos regidos por la buena fe (todos los actuales tienen este carácter, según el artículo 1.134 del Código francés), la acción de contrato servía para la reparación del daño causado mediante dolo inicial; también servía para la destrucción del contrato falso en su principio por causa de dolo. De aquí se deriva que la obligación tenía el carácter y los efectos de una obligación contractual, bien diferente, en Derecho romano, de la obligación nacida *ex maleficio*. Como las dos legislaciones no están a este respecto absolutamente de acuerdo, preferimos apelar a otras razones... El dolo que altera la ejecución del contrato es extraño al contrato, lo mismo que el dolo que altera su formación... Por otra parte, cualquiera que se pone en relación con otro para la formación de un contrato se obliga implícitamente a obrar lealmente, en las conversaciones preliminares y en su ejecución. Cuando existe dolo, la otra parte, la parte engañada, queda autorizada para decir a su adversario: "Habéis violado el contrato, habéis faltado a la fe del contrato que debe regular todas las relaciones humanas contractuales. No he recibido por esta causa un daño solo: he experimentado un daño derivado de la mala fe. "Por otra parte, el que contrata debe examinar las cualidades de las personas con quienes entra en relación. No está, por tanto, en la situación del tercero víctima de un delito... Los dolos y faltas cometidos por la mujer dotada contratante (sea en la formación, sea en la ejecución del contrato) no son, pues, delitos, ni cuasi delitos..."

Ihering y Labbé se encuentran en su doctrina, basada en los principios del Derecho romano, según los cuales los daños causados por la perfección de los contratos de buena fe dan lugar a una acción, contractual para obtener la correspondiente reparación. En conclusión, los daños que se causen a las partes puestas en relación para contratar deben ser separados en virtud de una responsabilidad contractual.

47. Parecida opinión es la de Aubry y Rau, donde leemos: "Resulta de aquí que quien acepta las ofertas, ignorando su retractación, su anulación o revocación y, por consecuencia de esta aceptación ha efectuado Gaztos o experimentado pérdidas, está en su derecho si reclama indemnización de daños y perjuicios". Como estos autores no ven un elemento de falta delictual, nos es permitido creer que admiten la responsabilidad contractual como base de la acción de daños y perjuicios. Esta conclusión se deduce, a reserva de otra interpretación posible, porque lo único cierto que encontramos en el párrafo citado es la afirmación de la posibilidad de intentar una acción de daños y perjuicios[5].

La doctrina que establece que es de naturaleza contractual la obligación de reparar los daños y perjuicios causados por el no otorgamiento del contrato preparado o por su anulación, en consideración a que nace en el curso de la preparación de dicho contrato, es seductora, por su simplicidad, pero peca justamente de ser demasiado simplista. Parece, desde luego, extraño que frente al período preparatorio de un contrato inexistente por no haberse llegado a otorgar o por ser nulo, hablemos de responsabilidad contractual, a pesar de que dicho contrato no produce ningún efecto[6].

---

5 *Obra cit.*, tomo IV, 343, pág. 483.

6 BAUDRY-LACANTINERIE-BARDE: *Obra cit.*, pág. 48.

Saleilles hace notar la fragilidad de semejante razonamiento. "¿Cómo, pues, hablar aquí de un contrato especial que se declara nulo, mientras la convención de responsabilidad subsiste? Todo cae cuando la revocación hace desaparecer la voluntad de una de las partes antes de encontrarse con la voluntad de la otra"[7].

2° — TEORÍAS A BASE CONTRACTUAL ESPECIAL Y CUASI CONTRACTUAL.

48. Para evitar las críticas dirigidas certeramente contra la afirmación pura y simple de una responsabilidad contractual, otros autores ensayan explicaciones más agudas.

Scheurl, en una teoría muy original, explica la responsabilidad contractual, por aplicación de las reglas del mandato[8]. La oferta para contratar es una invitación para realizar el contrato respectivo, pero también lo es para ejecutar ciertos actos, para desplegar cierta actividad, dirigida a permitir la formación y ejecución de dicho contrato. Dicha invitación contiene, pues, a la vez, una proposición (la del contrato) y un mandato (la invitación para hacer gastos y trabajos en interés común de las dos o más personas que pretenden llegar a la conclusión de aquel contrato). Si la oferta es revocada, el mandato subsiste y el mandatario debe abonar los gatos necesarios. Así es bien fácil obtener dichos desembolsos mediante el ejercicio de la *actio mandati contraria* (artículos 1.999 y 2.000 del Código francés). Entre los ejemplos de Scheurl podemos destacar el siguiente: Un posadero recibe la orden de preparar cierta habitación para tal día y tal hora y, accediendo al requerimiento, prepara convenientemente el alojamiento, para lo cual se ve precisado a rechazar a otro viajero que deseaba hospedarse en su establecimiento. En el último momento aquella orden es revocada, y el posadero alega la pérdida sufrida. Según la teoría que defiende Scheurl, el perjudicado puede ejercitar la *actio mandati contraria* para recuperar la pérdida indicada.

En el análisis de esta doctrina, pues, encontramos una convención especial, el mandato, que acompaña a toda oferta para contratar. Se trata, entiéndase bien, de una convención tácita que permite establecer *ex mandato* una responsabilidad contractual a cargo de la parte que causa un perjuicio a otro en la preparación de cierto y determinado contrato. Es preciso reconocer que esta explicación es muy ingeniosa. La crítica de Saleilles no puede aplicarse aquí, porque admitiendo la existencia de un mandato, éste surte sus efectos normales, aunque se trate de una convención secundaria, independientemente de la conclusión o nulidad del contrato principal. Roúbier, haciendo la crítica de esta teoría, hace notar que el mandato es un contrato consensual que supone también un concurso de voluntades[9]. El policitante que retira la oferta impide que se forme el mandato. Podemos responder a esta crítica invocando el artículo 1.985 del Código francés, que prevé la posibilidad de aceptar el

7 SALEILLES (R.): *Theorie generale des obligations d'aprés le Code civil allemand.* Tercera edición. París, 1914, núm. 157, pág. 169.

8 SCHEURL: "Vertragsabschluss unter Abwesenden", en *Jahrbuch fuer Dogmatik.* II, 1858, págs. 248 y siguientes.

9 ROUBIER: *Obra cit,* pág. 65.

mandato por el solo acto de comenzar su ejecución. Como es posible, aceptar parcialmente la oferta, sólo en cuanto al mandato, parece incuestionable que existe una convención contractual perfecta. Continúa su crítica Roubier diciendo que en el supuesto de que haya habido un mandato, éste no se ha otorgado en beneficio exclusivo del mandante, antes, al contrario, el mandatario, al ejecutar los actos en que consiste, actúa en su interés personal, persiguiendo la aceptación de un contrato que le fue propuesto y que desde luego apetece. Esta crítica también es fácil de responder. El mandato, para ser válido, no debe ser dado en interés exclusivo del mandante. Ya en Derecho romano esta fue una cuestión célebre, y el solo mandato declarado sin valor fue el mandato *tua gratia*[10], dado en interés exclusivo del mandatario; pero este no es el caso de nuestra hipótesis, donde las dos partes tienen igual interés en la conclusión del contrato proyectado. El tipo romano de *mandatum mea et tua gratia* siempre es válido. Por otra parte, en las leyes modernas ninguna disposición encontramos exigiendo que el mandato se otorgue en interés exclusivo del mandante. Desde el punto de vista jurídico puro, la teoría parece muy defendible. La revocación de la oferta puede constituir una revocación del mandato, porque éste es revocable *ad nutum*, sin obligación de pagar daños y perjuicios; pero todo cuanto se ha realizado o gastado por el mandatario hasta el momento de la revocación está protegido por la *actio mandati, contraria,* que garantiza a dicho mandatario del reembolso íntegro de todos los desembolsos derivados de la ejecución del repetido mandato.

Roubier aún alega un último argumento contra esta teoría; no se trata de un verdadero argumento jurídico y sí tan sólo de un llamamiento a la razón y a la buena lógica. Es muy difícil distinguir en una oferta la proposición para contratar y la proposición para el mandato. Lo que se propone ciertamente es la conclusión de un contrato, aunque se tenga conciencia de que la oferta pueda constituir el punto de partida para que quien la recibe ejecute ciertos Gaztos. El oferente está muy lejos de creer que su proposición puede calificar un verdadero mandato. Este argumento da un golpe bastante duro a la sutil e ingeniosa teoría de Scheurl, porque, en efecto, es difícil que en la práctica de la vida se vea un mandato donde sólo se pretende la oferta de un negocio cualquiera.

49. Thon se ocupa de la cuestión relativa a la responsabilidad derivada de la revocación de la oferta, en un artículo muy profundo[11], adoptando una conclusión vecina a la del mandato, pero mucho menos convincente. Después de un examen documentado de los diferentes métodos y teorías propuestos, llega a la conclusión de que el mejor fundamento será la gestión de negocios ajenos. Es preciso que los gastos se hayan efectuado en interés común; esto es esencial. La retractación de la oferta no causa, por decirlo así, perjuicio a la parte que ha realizado estos gastos inútiles en su propio interés. Como estos

10 Sobre la discusión célebre a propósito de los preceptos del *Digesto* (17, 1, 2), véanse los manuales de Derecho romano, donde se demuestra claramente que es válido el mandato dado en interés del mandante y mandatario al mismo tiempo. —Girard: *Manuel elementaire de Droit romain.* Octava edición. 1929, pág. 620, núm. 2, y Cuq: *Institutions juridiques des Romains.* París, 1928, pág. 490, 1.er.

11 Thön: Die Haftpflicht des offerenten bei wiederruf seiner offerte", en *Archiv. fuer die zivilistische.* Praxis. Tomo LXXX, 1893, páginas 93 y siguientes.

desembolsos, según Thon, se han llevado a cabo en interés común de ambas partes, se puede considerar que la parte que sufrió el perjuicio se constituye en garantizadora de los negocios de la otra, en medida equivalente a su interés en el negocio. La *actio negotiorum gestorum* contraria le permitirá recuperar estos gastos.

La parte negativa del artículo de Thon, donde se hace la crítica de otras teorías propuestas, es mucho más interesante que la parte constructiva, donde se propone como fundamento de la responsabilidad precontractual el instituto de la gestión de negocios ajenos. Hay gestión de esta clase de negocios cuando se ejecutan autos para prestar un servicio a otro, y singularmente cuando el dueño del negocio ignora la gestión o no puede proveerse de un mandatario. Hay gerencia de negocios también cuando se evita el daño en patrimonio ajeno. En una palabra, existe gestión de negocios siempre que sin haber recibido orden expresa se despliega la propia actividad en interés de otra persona[12]. Si meditamos sobre esta noción, nos será imposible ver una gestión de negocios en la actividad desplegada a consecuencia de una oferta para contratar. ¿Dónde está la voluntad de hacer nada en interés de otro? El que efectúa estos gastos obra, ante todo, en su propio interés, y después en interés del proponente (decíamos en interés común, pero esto no es rigurosamente exacto), cosa que no ocurre en la gestión de negocios. Además, la teoría será de una utilidad práctica muy pobre, porque es difícil admitir que sólo los Gaztos hechos en interés común constituyan un perjuicio reparable que es, en definitiva, la conclusión de esta tendencia doctrinal. Quedan, por tanto, fuera de la acción de la gestión de negocios aquellas hipótesis en las que el receptor de la oferta actúa sólo en su propio interés, confiando en dicha oferta, viéndose luego sorprendido por una revocación inesperada. Además, en el orden práctico será muy difícil o casi imposible llegar a determinar dónde comienza el interés del oferente y dónde termina el interes común, por cuya razón se impondrá en la mayoría de los casos una indemnización integral de todos los Gaztos. Cuanto llevamos dicho demuestra que la teoría es muy débil y desprovista de interés práctico[13].

50. La teoría de la gestión de negocios hace pensar inmediatamente en la del enriquecimiento injusto. Aunque esta teoría no pueda constituir un fundamento posible para la acción de indemnización por los perjuicios causados con motivo de la ruptura de las conversaciones preliminares, es interesante ver si puede suministrarnos algunos elementos interesantes.

La aplicación de la *actio de in re verso* permite la reparación del daño, por lo que puede recubrirse a la misma si concurren los elementos exigidos en el ordenamiento jurídico. Como en defecto de cualquier otra acción ésta tiene por objeto la expresada reparación, parece natural pensar en la posibilidad de su ejercicio.

La condición esencial que exige la acción derivada del enriquecimiento injusto es el empobrecimiento del patrimonio de una de las partes a

---

12 Sobre la gestión de negocios, COLÍN y CAPITANT, II, 1928, página 720. —PICARD: "La gestión d'affaires dans la jurisprudence actuelle", en *Revue trimestrielle de Droit civil.* 1921, núms. 3 y 4, y 1922, número 1.

13 ROUBIER: *Obra cit.*, pág. 66.

consecuencia del enriquecimiento experimentado en el de la otra. Examinando desde este punto de vista la cuestión referente a la reparación del perjuicio sufrido en el curso de la preparación de un contrato, no podemos encontrar su solución con ayuda de semejante teoría, porque si es verdad que una de las partes sufre un perjuicio al efectuar gastos inútiles, esto no significa que la parte que retira la oferta, y que de este modo causa el perjuicio, se enriquezca a costa de la otra. Es probable, sin embargo, que los Tribunales, en defecto de otra acción, concedan el derecho a ejercitar la *actio de in rem verso*[14], según vemos que acordó la Corte de Poitiers (2 de diciembre de 1907. Dalloz, 1908, 2, pág. 332) en una resolución que comentaremos más adelante (número 98).

3º — TEORÍAS QUE APLICAN LA NOCIÓN DE CONVENCIÓN TÁCITA.

51. Otras teorías ensayan la posibilidad de dar al carácter contractual de la responsabilidad una forma más flexible. Así como hemos visto que Demolombe habla de un plazo concedido tácitamente a quien recibe la oferta para que pueda reflexionar y responder, y agrega que toda revocación durante este plazo no es eficaz si la aceptación se da dentro del mismo[15], M. Demogue es partidario del fundamento contractual de la obligación de reparar los daños causados por la ruptura de las conversaciones preliminares si los gastos y trabajos fueron ejecutados con miras a la. perfección del contrato, más admitiendo esta conclusión con algunas reservas[16]. Después de haber examinado las diferentes teorías existentes a propósito de la responsabilidad precontractual, manifiesta que "podemos, pues, establecer sobre estas diversas soluciones una construcción general, es decir, que se responde contractualmente de los actos que tienen lugar durante las conversaciones preliminares". Examinando en detalle las diferentes dificultades prácticas nacidas por consecuencia de los gastos efectuados en vista de un contrato, el eminente autor del *Tratado de las obligaciones* dice que es necesario investigar los casos concretos con mucha prudencia, bajo pena de coartar la libertad de movimientos que las partes desean guardar hasta el momento de la conclusión de los contratos. Para encontrar una construcción técnica adaptada a las necesidades prácticas, que debe ser la idea dominante en esta materia, es preciso adoptar siempre la idea del contrato tácito, en virtud del cual no habrá lugar al reembolso de los gastos más que en el caso de que las partes lo hayan acordado así tácitamente[17]. Esto nos parece muy razonable. En efecto, sería exagerado dejar a cargo de la parte que rompe las conversaciones todos los gastos que la otra efectuó arbitrariamente. La cuestión relativa a la indemnización no puede exceder del importe de los desembolsos necesarios para la preparación del contrato, conocidos frecuentemente por aquella persona que emite la oferta, en cuyo caso bien podemos hablar de un acuerdo tácito sobre este punto, pues no hay que olvidar que Demogue sólo reconoce la protección derivada

14 ROUAST: "Etude sur l'enrichissement sans cause", en *Revue trimestrielle de Droit civil*. 1922, pág. 40.

15 *Obra cit.* Tomo XXIV, núms. 65 y 66.

16 *Obra cit.* Tomo V, núm. 1.240.

17 *Obra cit.* Tomo II, núm. 533, págs. 167 y 168.

de la responsabilidad contractual a favor de las relaciones de negocios. Como hace notar muy justamente, además de estas relaciones hay otras llamadas mundanas, que a su vez engendran obligaciones mundanas, en cuya preparación y ejecución es posible que puedan cruzarse cuestiones análogas de responsabilidad. Véase lo que dice a este propósito: "Cuando sólo existe un negocio mundano, no hay contrato (transporte benévolo, concierto de beneficencia, etc.); pero los principios de los artículos 1.382 y siguientes del Código francés, las responsabilidades por faltas probadas o presumidas, continúan, en general, aplicándose. El negocio mundano excluye, por tanto, la responsabilidad contractual, pero no la delictual. Por otra parte, contiene generalmente la aceptación de un riesgo, y esta circunstancia ayuda a excluir toda responsabilidad derivada, por ejemplo, de un deporte peligroso, pero admitido por los usos sociales (fútbol, etc.)[18].

Planiol y Ripert llegan a conclusiones análogas a las de Demolombe. Examinando la fuente de la obligación particular del oferente, anterior a la formación del contrato, critican las teorías propuestas para aplicar en este caso el artículo 1.382 del Código francés, empleando el análisis siguiente[19] "La oferta contiene dos cosas: *a)* Una proposición principal, que tiene por objeto el negocio a concluir, y *b)* Una proposición secundaria, que concede un plazo para reflexionar. La persona a quien se dirige la oferta ninguna razón tiene para rechazar este última proposición, ya que le reporta beneficios, desde el momento en que a nada se obliga, porque conserva su derecho de rechazar la proposición principal. En consecuencia, debe presumirse su aceptación en lo que concierne a la oferta del plazo para reflexional, admitiéndose, por tanto, para esta oferta una aceptación tácita e inmediata."

52. Las teorías que hablan de un consentimiento tácito, de una convención tácita, tienen el inconveniente de que no pueden establecer siempre la extensión exacta de dicho consentimiento, dando lugar a diferentes interpretaciones.

Así, Larombiére nos habla de una obligación que el oferente asume tácitamente, en virtud de la cual se compromete a no revocar la oferta; pero al lado de ella pretende que el artículo 1.382 del Código francés es suficiente para obtener la reparación del daño causado por la retractación. Expresa su teoría en la forma siguiente[20]: "Como entre la proposición y la aceptación siempre ha lugar a la retractación, sobre todo cuando se trata por correspondencia, quien mediante su retractación causa algún perjuicio a otro, deberá reparar el daño producido, mas no en virtud de un contrato ni a título de inejecución de contrato, sino en virtud de la obligación tácitamente impuesta de no revocar sus intenciones hasta que expire el plazo necesario para recibir la respuesta. Deben comprenderse en esta indemnización los gastos de expedición de las cartas, la pérdida resultante de la baja de las mercancías pedidas y no vendidas: en una palabra, todo el daño que la otra parte pueda experimentar. Los términos generales del artículo 1.382 del Código francés son suficientes para fundar esta acción." De la opinión del sabio Magistrado pondremos

18 *Obra cit.* II, pág. 204.

19 PLANIOL-RIPERT: *Traite elementaire de Droit civil.* Undécima edición. París, 1931, II, pág. 378.

20 LAROMBIÉRE: *Theorie et practique des obligations, ou comentaire des titres III y IV del libro III du Code Napoleón.* París, 1885, I, número 24..

de relieve solamente tres ideas bastante contradictorias. No hay contrato; hay, sin embargo, una obligación tácitamente asumida y propuesta a la otra parte con la oferta y, lo que parece más contradictorio, el fundamento de la responsabilidad se encuentra en el texto de la responsabilidad delictual del artículo 1.382 del Código francés. ("Todo acto del hombre que causa a otro un daño obliga, mediante la falta de aquél, a su reparación.")

4— TEORÍAS QUE TOMAN UNA DECLARACIÓN UNILATERAL DE VOLUNTAD COMO PUNTO DE PARTIDA.

53. La naturaleza contractual de la responsabilidad que resulta de la preparación de un contrato se afirma también en la teoría de Colin y Capitant. Adoptando un punto de vista más amplio en su explicación, ven la fuerza obligatoria de la oferta en ella misma. Después de haber refutado la doctrina que otorga a la responsabilidad precontractual un carácter delictual, concluyen afirmando la existencia de una convención tácita entre las partes, en cuanto a la necesidad de mantener la oferta durante el término usual para reflexionar y responder. De esta manera siguen la doctrina tradicional, pero agregan que "es preciso ir más lejos y decir: El autor de la oferta, que tiene derecho a retirarla, salvo durante el plazo de opción acordado en favor de la otra parte, debe ser considerado como obligado desde que se manifiesta su voluntad unilateral de obligarse y, por consecuencia, aun antes de que el destinatario de dicha oferta la conozca y aunque no use de su facultad de retractación. Podemos citar varios casos de declaración unilateral de voluntad, los cuales permiten afirmar que constituye una fuente de posibles obligaciones. Ejemplo, la gestión de negocios, el benefició de una estipulación por otro, la oferta de recompensa (obligatoria en el Código civil alemán, artículo 145, y en el proyecto francoitaliano, artículo 60, si está emitida por escrito y con duración determinada)[21].

Lacour y Bouteron son partidarios de la misma doctrina. Critican, desde luego, el fundamento general admitido por los autores mercantilistas (el uso) y creen que en la promesa unilateral es preciso ver la fuente de la responsabilidad precontractual. Dicen estos autores: "Creemos que en el caso actual existe, a cargo del oferente, una obligación independiente de todo contrato y que tiene su fuente en la promesa unilateral. El oferente no se obliga sólo a ejecutar el contrato una vez formado, si la otra parte acepta; también promete hacer honor a su palabra, manteniendo la oferta durante cierto plazo. Se trata de una de las hipótesis excepcionales, en las cuales una persona queda obligada por la sola manifestación de su voluntad. Admitiendo esta opinión, es lógico decidir, contra el parecer de la mayoría de los autores, que la oferta no caduca cuando fallece el que la hace y que, por tanto, obliga a sus herederos (véase en este sentido Colin y Capitant, II, pág. 272). No obstante, si antes de la aceptación el oferente cae en incapacidad o es declarado en estado de quiebra, esta incapacidad de una de las partes impide que el contrato pueda formarse ..."[22].

---

21 *Obra cit.* Sexta edición. Tomo II, pág. 271 a 272

22 LACOUR-BOUTERON: *Precis de'Droit commercial.* Tercera edición. París, 1925, I, núm. 743.

54. Esta doctrina contiene una noción nueva, que se agrega a las concepciones clásicas (la fuerza obligatoria de la oferta, una vez emitida, obligando unilateralmente al que la hace, en beneficio de quien desea contratar). Es una concepción moderna, consagrada en el artículo 145 del Código civil alemán; pero sólo puede admitirse de un modo excepcional en Derecho francés, cuyos principios fundamentales están demasiado apegados a la noción del contrato formado por un acuerdo de voluntades libremente consentido. Sin embargo, como estos autores hacen justamente notar, en casos excepcionales puede admitirse la teoría, que es muy útil y cómoda, porque ella solamente puede dar explicación satisfactoria a las policitaciones colectivas, a las promesas de recompensa, a la estipulación por otro y a la signatura de un efecto de comercio frente a todos los portadores o tenedores ulteriores. ¿Por qué no admitir esta teoría en la materia objeto de nuestro estudio? Lo único difícil en esta teoría es fijar la extención de semejante promesa unilateral. ¿Qué es exactamente lo que se promete? ¿No retirar la oferta antes del plazo para responder? Esto nos conduce a las mismas consecuencias que la doctrina tradicional de la convención tácita que acompaña a la proposición del contrato. ¿Se obliga a mantener siempre la oferta mientras no sea rechazada? Esto significa la abdicación y renuncia completa al derecho de revocación, cosa inadmisible. Lo que será más interesante para nosotros es poder decir que, aplicando esta teoría, el oferente se obliga, por una declaración unilateral de voluntad, a reparar todos los perjuicios que su oferta pueda causar a las personas que entran en conversaciones preliminares con él. Esta solución corresponde mejor con la noción de buena fe en las relaciones comerciales, más en el campo de la especulación es preciso preguntar si la verdadera intención del oferente en cualquier contrato (salvo casos excepcionales) concuerda con la supuesta promesa unilateral; si en realidad existe una obligación tácita de su parte dirigida a reparar todos los perjuicios producidos a consecuencia de la retractación de su oferta.

Así terminamos de exponer sumariamente la doctrina que en la reparación de los daños causados durante la preparación de un contrato ve un acto de voluntad tácita presunta, para declarar que dicha obligación es de naturaleza contractual. La doctrina que ve en la responsabilidad precontractual la sanción de una obligación de naturaleza contractual se expone a la crítica de los partidarios de las teorías a base delictual.

SECCION SEGUNDA

TEORÍAS QUE CONCEDEN A LA RESPONSABILIDAD UN CARÁCTER DELICTUAL

Algunos autores pretenden que en Derecho francés no puede concebirse más responsabilidad que la derivada del artículo 1.382 del Código civil, si no existe una convención expresa o tácita entre las partes. Si no hay falta en la preparación del contrato, no debe haber reparación del perjuicio sufrido. La falta es aquella de que habla el artículo 1.382 del Código francés, falta delictual, que debe probarse para intentar la indemnización de daños y perjuicios; así como la relación de causalidad entre la misma y el perjuicio reclamado. La aplicación del artículo 1.382 del Código francés, en esta materia, no está desprovista de todo interés práctico, porque es más fácil intentar una acción delictual, cuando se trata de cuestiones relacionadas con la capacidad (los incapaces quedan obligados civilmente por sus delitos, conforme al artículo 1.310 del Código francés), y así, la indemnización cubre totalmente el perjuicio sufrido. Los deudores, en caso de delito civil, quedan obligados solidariamente, y esta responsabilidad, en principio, no puede derogarse por cláusulas de exoneración[23]. Todas estas ventajas nos parecen, sin embargo, de poca importancia, si miramos a la condición esencial de la acción de daños y perjuicios: la prueba de la falta.

1.° – FUNDAMENTO DELICTUAL PURO Y SIMPLE.

56. Así, Planiol, Ripert y Esmein, después de haber criticado las teorías existentes, concluyen afirmando, que sólo la falta puede motivar semejante responsabilidad[24]: "La ruptura de las conversaciones preliminares, puede engendrar una responsabilidad, pero solamente, si, en vista de las circunstancias, va acompaña de la comisión de una falta. Por ejemplo, si se declara que el autor de la ruptura ha lesionado a la otra parte, haciendo que efectúe desembolsos, sin tener intención firme de tratar con él, y por tanto cometiendo una falta."

Mazeaud se ocupa del problema de la responsabilidad precontractual, en un artículo donde estudia, la responsabilidad contractual, y la delictual. Trayendo a discusión la cuestión, plantea desde luego el problema[25]: "Numerosos son los problemas de responsabilidad que nacen antes de la formación de los contratos. ¿Se trata entonces de responsabilidad contractual o delictual? Para que la duda se presente, es indispensable suponer la existencia de dos personas, que se aproximan con objeto de celebrar un contrato. Que están en la época de las conversaciones preliminares o período precontractual. Mas las cosas quedan allí. Las conversaciones no tienen éxito, el acuerdo no se concluye. Puede suponerse que, por esta circunstancia, uno de los "contratantes frustrados", causa un perjuicio al otro. Por ejemplo, uno de ellos, pudo dejar pasar una ocasión interesante de tratar con un tercero, por considerar seguro el contrato en preparación. La cuestión de responsabilidad se presenta. ¿Será en el terreno contractual, o en el delictual?" El problema, claramente es llevado por el autor al campo delictual: "Como aún no hay contrato, parece ilógico querer hablar de una responsabilidad contractual"[26]. Haciendo la crítica de las opiniones que militan en favor de la naturaleza contractual de la obligación, termina así: "Pero es una concepción que no se adapta al Derecho francés, donde se conoce un principio general de responsabilidad delictual, susceptible de jugar en todas las situaciones. Se podrá, pues, rechazar la naturaleza contractual de

23 Véase a este respecto: JOSSERAND: Obra cit., II, núm. 481.

24 *Obra cit.* Tomo VI, pág. 176.

25 MAZEAUD: "Etude de la responsabilité", en *Revue trimestrielle de Droit civil.* 1929, pág. 551 y siguientes, núm. 21, 2; núm. 22, 3; número 23, 4.

26 En su obra, aparecida recientemente, Mazeaud mantiene los puntos de vista sostenidos en el artículo anterior.

la responsabilidad, para adoptar la naturaleza delictual"[27]. Concluyendo, este autor encuentra, que no es posible basarse en el terreno contractual, cuando no hay contrato, o acuerdo previo de voluntades. Será entonces preciso aplicar la responsabilidad delictual, en cuyo caso, el perjuicio no podrá encontrar reparación, sin que haya habido falta.

Meignie, en una tesis titulada *Responsabilidad y contra*to[28], sostiene una opinión idéntica. Después de examinar la doctrina y la jurisprudencia, no puede llegar a más conclusión, que, a la responsabilidad delictual, nacida de la culpa extracontractual. El artículo 1. 382 del Código francés, como texto general, sanciona todas estas obligaciones, siempre que el perjuicio se cause por una falta.

57. Lalou, en su obra sobre las cuestiones de responsabilidad[29], es también partidario de esta teoría. Cuando habla de la falta cometida en la formación de un contrato, la califica de delictual: *a)* "Si antes de que el contrato se forme, y prácticamente durante las conversaciones preliminares, una de las partes comete una falta. En este período precontractual no puede constituir dicha falta cuestión de responsabilidad contractual. En consecuencia, si el contrato ya formado se anula, la obligación de las partes sólo podrá ser delictual. En general, las relaciones entre contratantes se rigen por los principios de la responsabilidad delictual, cuando una falta se comete y prueba, antes del contrato, después del contrato, y al lado del contrato." Más radical en sus afirmaciones, este autor declara después: *b)* "La retirada de una oferta, puede dar lugar a daños y perjuicios, si el policitante se obliga a mantener dicha oferta durante un cierto tiempo. La retractación antes de que transcurra, obliga frente a terceras personas lesionadas, según unos, y conforme al artículo 1. 382 del Código francés, porque aquí no hay contrato, y según otros... por la inejecución del contrato, puesto que la aceptación dada dentro del término, en que la policitación debió ser mantenida, forma el contrato. Si, por el contrario, la policitación fue emitida sin estipulación de plazo, su retirada es un derecho, cuyo ejercicio no puede dar lugar a daños y perjuicios..." Sobre esta segunda opinión, calificada de radical, debemos hacer la siguiente observación: Los autores que adoptan la base delictual de la responsabilidad que estudiamos, declaran en general, que, en defecto de una convención, sólo la responsabilidad por falta, puede dar lugar al ejercicio de la acción dirigida a obtener indemnización de daños y perjuicios. Si el policitante se obligó a mantener su oferta durante un plazo cualquiera, hay ciertamente una declaración de voluntad de su parte, que por consecuencia de la aceptación cierta de la persona a quien va dirigida, se transforma inmediatamente en una convención, por lo menos tácita[30]. ¿Por qué entonces declarar, que debe aplicarse la responsabilidad delictual? Esto es demasiado radical, puesto que en el pensamiento de los autores que sostienen la doctrina, basándose en un fundamento delictual, esta responsabilidad, se aplica sobre todo para el

27 MAZEAUD (H. y L.): *Traite theorique et practique de la responsabilité civil contractuelle y delictuelle*. París, 1931, I, núm. 116 a 121.

28 MAIGNIE: *Responsabilité et contrat*. Tesis. Lille, 1924, páginas 133 y siguientes.

29 LALON (H.): *La responsabilité civile*. París, 1928, págs. 177-221.

30 PLANIOL-RIPERT: *Obra cit.* II, pág. 378.

segundo caso examinado por Lalou, cuando ninguna estipulación de plazo acompaña a la policitación.

Niboyet llega a conclusiones análogas[31]. Después de un examen muy completo de la cuestión relativa a la responsabilidad precontractual, encuentra que, en Derecho francés, sólo la responsabilidad delictual puede dar lugar a la reparación del perjuicio causado durante la preparación del contrato. Criticando la doctrina que ensaya dar otros fundamentos a esta responsabilidad, dice: "Puede hacerse una objeción, a la teoría de la responsabilidad precontractual, y es que constituye una tentativa para desplazar a un ambiente jurídico, no a los que han contratado, sino a los que quieren contratar, sin que esto no sea suficiente para ponerse a la sombra jurídica del contrato. Los que desean contratar, son como los que se encuentran en el exterior de una casa, con respecto a los que se hallan en el interior de la finca. Solamente cuando los consentimientos se canjean, es cuando ya se encuentran con que hay contrato. Todo nuestro Derecho, reposa sobre una diferenciación entre dos responsabilidades, que no tienen diferente naturaleza jurídica, pero que tampoco constituyen la misma cosa: la responsabilidad entre las personas vinculadas por un contrato y la responsabilidad entre personas fuera de todo contrato. La ley ha creado para regular este último caso, la acción derivada del artículo 1.382 del Código francés. Mientras no existe contrato, los futuros contratantes están suficientemente protegidos por el Derecho común, reflejado en el artículo 1.382 citado."

Concluyendo sobre esta cuestión, agrega: "No queda lugar más que para el artículo 1.382 del Código francés. El solo efecto de la falta cometida *in contrahendo*, mientras se negocia para contratar, en vista del contrato, es la reparación del perjuicio causado en caso de contrato nulo, o de contrato ofrecido sin llegar a formarse. Será preciso probar la falta del que en este período preparatorio del contrato se hace culpable de semejantes actos. La reparación se hará, pues, conforme al repetido artículo 1. 382."

58. Esta doctrina se apoya en argumentos muy sólidos. En Derecho francés, en efecto, el artículo 1.382 del Código civil es el único texto general, que prevé la reparación de un daño, y que puede aplicarse a todas las hipótesis, siempre que se demuestre y pruebe, la falta que produce el perjuicio. Generalmente hay una falta, en la revocación de la oferta, y la jurisprudencia, como veremos, se manifiesta favorable a esta doctrina para conceder la oportuna indemnización. Más que de reprocharse a esta doctrina, que no tiene en cuenta las necesidades prácticas de la vida de los negocios, ya que ordinariamente, la ruptura de las conversaciones preliminares se efectúa, sin que concurra ninguna falta, y entonces es claro, que la parte lesionada no podrá obtener indemnización alguna del perjuicio sufrido. Así lo hacen notar con gran acierto Colin y Capitant: "Se trata de saber, si el policitante tiene o no derecho a retractarse de la oferta antes de concluir el término. Si tiene derecho, no pudo incurrir en responsabilidad civil al usar de tal derecho de un modo normal, en condiciones normales[32].

31 NIBOYET (J.): "Questions sur la responsabilité". *Les cours de Droit*. París. Tercera edición de la Sorbona, págs. 88-89.

32 *Obra cit.* II, pág. 271.

Vivante, en su *Tratado de Derecho comercial italiano,* hace la misma observación[33] De lo expuesto deducimos que esta teoría de la responsabilidad a base delictual pura y simple es muy justa, para el caso de que haya falta, y entonces ninguna innovación es precisa, puesto que se trata de aplicar un principio general, pero ofrece el inconveniente de excluir totalmente, las hipótesis más frecuentes, en las que ninguna culpa acompaña a la ruptura de las conversaciones preliminares, no obstante, lo cual, el perjuicio se produce.

2. ° — EL ABUSO DEL DERECHO COMO FUNDAMENTO TEÓRICO.

59. Josserand, que, mediante su teoría sobre el abuso del derecho, ha dado extraordinaria amplitud, a la aplicación del artículo 1.382 del Código francés, propone que se adopte esta idea, a la materia objeto de nuestro estudio[34].

Se comprende bajo el nombre de abuso del derecho, al uso de nuestros derechos, con una dirección ilegítima. Este abuso puede existir en el ejercicio de cualquier derecho, y, por tanto, en el derecho a guardar la libertad contractual, es decir, a contratar o a rechazar el contrato. En su *Tratado de Derecho civil* adopta el mismo criterio. Véase lo que Josserand dice: "Suponiendo que la oferta no sea obligatoria, su retirada es susceptible de producir obligaciones, engendrando la responsabilidad del policitante, cuando su actitud no está justificada, cuando no se apoya en un motivo legítimo. Después de haber querido un sugestivo contrato, nacen legítimas esperanzas en el destinatario de la oferta, y por esta razón, el policitante no debe discrecionalmente. Si lo hace, comete el abuso del derecho consistente en negarse a contratar, y es claro, que este abuso lleva como consecuencia inmediata, la necesidad de la sanción, consistente en indemnizar los daños y perjuicios. La libertad contractual implica también límites, si se examina bajo la forma negativa"[35].

M. Roubier, que, en su tesis, hace un análisis muy profundo de esta doctrina, muestra sus ventajas prácticas. La aplicación práctica del abuso del derecho, permite reparar los perjuicios causados, mediante la negativa a otorgar el contrato, sin motivo legítimo. La jurisprudencia hace frecuentemente, aplicación de esta idea; sobre todo, en el contrato de adhesión, obligando a los que se niegan a contratar, a efectuarlo, si las personas deseosas de hacerlo, llenan las debidas condiciones. También se han hecho aplicaciones interesantes del abuso del derecho, con motivo de negarse a la admisión de obreros, por razones políticas. Finalmente, puede también tener aplicación esta teoría, cuando se rompen abusivamente las conversaciones preliminares.

Muy seductora es la doctrina del abuso del derecho, porque permite ampliar la noción de culpa, facilitando la prueba, puesto que basta con justificar que hubo abuso. No obstante, debe tenerse muy en cuenta, que, con frecuencia, los Gaztos y desembolsos inútiles se producen a la otra parte, por la retractación de la oferta, pero *"neminem laedit qui suo jure utitur"*.

33 VIVANTE: *Traité de Droit commercial.* Traducido al francés por Escarra. 1912, IV, núm. 1.546.

34 JOSSERAND: *De l'aleus des Droits.* París, 1905.

35 *Obra cit.* II, núm. 49.

SECCION TERCERA

LA FUENTE DE LA RESPONSABILIDAD PRECONTRACTUAL SE ENCUENTRA EN LA NOCIÓN DE BUENA FE, EN LA EQUIDAD O EN LA CONSAGRACIÓN POR LOS USOS

60. En la doctrina de Josserand, encontramos alusiones, a la noción de buena fe, y confianza legítima. Hay un número importante de autores que en estas ideas, ven el fundamento de la acción de daños y perjuicios, nacida durante el período precontractual.

1.° — LA RESPONSABILIDAD TIENE SU FUNDAMENTÓ EN LA EQUIDAD Y LA BUENA FE.

En los negocios comerciales, es necesario que la confianza y la buena fe, reinen entre los contratantes. El comercio debe conformarse a las reglas de la equidad, que desgraciadamente, no coinciden muchas veces con las normas del derecho positivo.

61. Ya Pothier veía, en el acto de la retractación de la oferta, que causa un perjuicio a la persona que la recibe, una aplicación de la equidad[36]. "Nemo ex alterius facto praegravari debet." Es, pues, la equidad y la buena fe, la base de la responsabilidad precontractual. Como era muy difícil encontrar la base de una responsabilidad precontractual, extracontractual, sin culpa o falta, por parte de uno de los interesados, para satisfacer exigencias de la vida práctica, a propósito de la idea expresada por Pothier, se han desenvuelto ciertas opiniones más o menos originales. Así Thöl, cuyo *Tratado de Derecho comercial* gozó de gran autoridad en Alemania, durante la según da mitad del siglo pasado, dijo, que el oferente que retira su oferta en circunstancias tales, que el contrato se hubiera formado entre él y el destinatario, debe reparar el daño sufrido por éste, porque así lo exige un derecho de honor, y la lealtad según la buena fe[37].

Vivante, explica ampliamente, los principios de la buena fe, que deben regir las relaciones comerciales[38]. "Mientras el contrato no es perfecto, el proponente conserva su derecho a revocar la proposición. Pero el legislador (aquí hace alusión al artículo 36 del Código de comercio italiano, que se ha tenido en cuenta para redactar el artículo 3.° del proyecto de Código de obligaciones franco-italiano), atempera el ejercicio del derecho de revocación, haciendo recaer sobre el expresado proponente, la obligación de reparar los daños que la otra parte sufre, con motivo de su arrepentimiento. Su proposición, ha suscitado la confianza, en la conclusión del contrato, de suerte que quien recibió la oferta comienza a prepararse para su aceptación. En interés general de los negocios, la ley le protege en esta empresa, cuando obra de buena fe, no porque el proponente sea culpable, ya que en general no hay falta cuando se ejercita un derecho que nos pertenece, sino porque es preciso

36 *Obra cit.* Núm. 32.

37 THÖL: *Handelsrecht.* En cuatro volúmenes. Tercera edición. Leipzig, 1875-1880, I, pág. 242.

38 *Obra cit.* IV, núm. 1.546.

proteger la buena fe de quien recibe las ofertas y las toma en serio." Más lejos agrega: "El proponente que revoca su proposición, debe poner a la otra parte, en las mismas condiciones, en que debió encontrarse, si su confianza en la propuesta no hubiera sido quebrada"[39]. "Por consecuencia, tiene derecho al reembolso, tanto de los desembolsos efectuados, como de los actos realizados, y de las ganancias perdidas, por no haber comprado o vendido, al precio más favorable, corriente en la época de la proposición" Esta doctrina del gran mercantilista italiano, se basa en la existencia de un texto legal, cuya redacción es algo imprecisa, en el artículo 36 del Código de Comercio de Italia. En el Derecho positivo alemán, italiano y rumano (sobre todo según el artículo 37 del Código de Comercio de Rumania), donde se encuentran estos puntos de partida, puede concebirse fácilmente, la construcción de una teoría basada sobre la buena fe y la equidad comercial, sin exigir que se pruebe que hubo falta culpable. ¿Cabe igual solución en derecho francés? Evidentemente, el principio general de equidad y buena fe, se encuentra recogido, en el artículo 1.382 del Código de Napoleón, pero su aplicación práctica es difícil, por requerir que se pruebe la existencia de una falta culpable. Pothier afirma, el principio de la buena fe y de la equidad, como punto de partida, y ve la consagración de una regla de equidad por los usos de su tiempo; más en derecho francés, no debe olvidarse, que ningún texto legal, se ocupa de la preparación del contrato, de un modo más o menos preciso.

62. En la doctrina francesa moderna esta idea encuentra defensores. Geny desea poner todos los negocios extracontractuales bajo la protección de la buena fe que regula ya los negocios contractuales[40]. Así dice en su bello libro: Es necesario suavizar toda la teoría de la formación de los contratos, mediante la introducción de la idea de buena fe, porque la base psicológica de las discusiones doctrinales es demasiado estrecha. Históricamente, los términos del contrato de buena fe y del contrato consensual se corresponden; el autor ve en la noción de buena fe, en derecho moderno, "el eje moral del juego de las voluntades autónomas". Si la buena fe gobierna las relaciones contractuales existentes (artículo 1.134, párrafo 2.°, del Código francés), ¿cómo rechazar el mismo principio para las relaciones contractuales en vías de formación? M. Levy, en dos artículos interesantes[41], es también partidario de aplicar ampliamente la noción de buena fe, que es una noción que domina jurídicamente los deberes generales humanos. Estamos obligados a no corromper esta noción, faltando a la confianza necesaria, en las relaciones sociales. El punto de vista subjetivo de la culpa es insuficiente para la responsabilidad, en el ejercicio de nuestros derechos. Sobre cada uno pesa la obligación de guardar una conducta normal, si queremos que la sociedad nos proteja: Es preciso, que cuando actuemos, sepamos a qué atenernos, y nuestra garantía está en el sentimiento que tenemos de actuar conforme al Derecho, y en el sentimiento que tenemos también, de que nuestros semejantes obraran conforme a derecho.

---

39 *Obra cit.* IV, núm. 1. 548.

40 GENY: *Methodes d'interpretation et sources en Droit privé positif.* París, 1899, núm. 172, pág. 529.

41 LEVY: "Responsabilité et contrat", en *Revue critique.* 1899, página 373. —"L'exercice du Droit collectif", en *Revue trimestrielle.* 1903, página 102.

El Derecho se determina así, según las necesidades del comercio jurídico; las necesidades sociales en una época de actividad intensiva, asimilarán las apariencias a las realidades, y pronto el derecho individual sufrirá un eclipse total. Los nuevos contratos formales del Derecho comercial, se hacen mucho menos para proteger la voluntad de los contratantes, que en interés del crédito respecto de terceras personas.

63. Desde el punto de vista doctrinal, la noción de la buena fe, es muy apreciable, pero como dicen dos distinguidos autores, desde el punto de vista práctico, la aplicación de esta noción, está sembrada de numerosas dificultades.

Faggella nos demuestra que la noción de la buena fe, es de muy difícil aplicación, porque su naturaleza filosófica, la coloca demasiado alta para mezclarse prácticamente en el comerció jurídico[42]. Roubier en su tesis nos dice, que no es preciso atacar demasiado la importancia práctica[43]. El principio de la buena fe, agrega, no adquiere relieve especial, más que en ausencia de toda falta culpable, atribuida a un cocontratante, no obstante, lo cual, tiene que cargar con la pérdida. Sabiendo esto, es necesario explicar, por qué en el conflicto de buenas fes, una se prefiere a la otra. El tercero alega, que su confianza ha sido engañada por el acto del desacuerdo, entre la voluntad, y la declaración de su cocontratante; pero éste dirá, que tenía confianza en expresar su voluntad real, y que, por tanto, creyó obligarse conforme a su indicada voluntad. Estas hipótesis relativas a repartir una pérdida entre dos personas de buena fe, son muy delicadas. ¿Debe dejarse que el daño caiga sobre quien naturalmente lo sufre *(res perita domino)*, o debe imputarse a la actividad de quien procede? Como en otras teorías, distinguiremos entre la persona que desea evitar una pérdida, y aquella que busca realizar una ganancia. Mas en este caso, la simple consideración de buena fe es insuficiente, para desplazar y atribuir las incidencias del riesgo.

64 Esta observación es exacta, es muy difícil conceder la indemnización a favor de una parte, basándose tan sólo en los principios de la buena fe, puesto que la otra persona interesada, también puede igualmente pretender la protección de su buena fe. Si no obra de buena fe, ya encontraremos un elemento de falta culpable, y será posible aplicar el artículo 1.382 del Código francés, relativo a los casos de mala fe. Hauriou encuentra una frase corta, pero muy característica, para responder a las teorías, que hacen aplicación de las exigencias sociales y de la buena fe a las relaciones comerciales[44]. "Así las necesidades del comercio jurídico, como las exigencias de las situaciones sociales , pueden ser motrices de derechos, pero para engendrarlos, es preciso que sean fecundadas por el acto individual: admitir que aquéllas solas engendren derechos, sería admitir una especie de partenogenesis."

Un autor alemán muy conocido hacia fines del siglo pasado, cree encontrar en los textos romanos, la base de una garantía legal fundada sobre la buena fe.

---

42 *Obra cit.* Pág. 333.

43 *Obra cit.* Págs. 92 y siguientes.

44 HAURION: "Declaration de volonté en Droit administratif francais", en *Revue trimestrielle.* 1903, pág. 561.

Es el Derecho, declara Windscheid, quien impone al autor de la declaración de voluntad, la obligación de la reparación, por una razón de respeto a la buena fe[45]. Es el Derecho quien desea que la persona que recibe una declaración de voluntad, pueda contar con que nacerá el contrato, si llega a perfeccionarse mediante su aceptación. Esta doctrina ha tenido gran influencia en Alemania, y ha sido muy discutida en Francia. En cuanto a la base romana de una obligación legal, fundada sobre la buena fe, nos referimos al estudio, muy profundo, de Thon, donde se demuestra, que el Derecho romano, no conocía una acción general para sancionar la buena fe[46]. Si una gran parte de las acciones en Derecho romano, eran las acciones de buena fe, esta cualidad se aplica, sobre todo, a la ejecución de los contratos (como el párrafo segundo del artículo 1.134 del Código francés), para permitir que se apoyasen dichos contratos, en la ejecución de otra obligación. Es muy difícil reconocer la influencia de la buena fe, en la formación del contrato, donde falta la obligación necesaria, para que le sirva de punto de apoyo. En conclusión, Thon da la siguiente fórmula: "El Derecho (piensa en el Derecho romano) conoce las acciones *empti, venditi, locati conducti,* etc., que todas son de buena fe, pero en vano se buscará una general *actio bonae fidei*".

En cuanto a la aplicación moderna de la teoría de Windscheid, donde se mezcla, la idea de la fuerza obligatoria de la declaración unilateral de voluntad, y la noción de buena fe, repetimos lo antes dicho, en Derecho francés, es difícilmente aplicable, por no existir ningún texto, que justifique semejante obligación legal.

65. Desde el punto de vista técnico, la adopción de la teoría basada sobre la buena fe, implica algunos inconvenientes. Doctrina muy equitativa, puede influir sobre el Juez, dándole consejos preciosos, pero no debe jamás llegar, a encontrarse con las reglas y normas del Derecho positivo. El Derecho positivo se caracteriza, por su virtud propia, de determinación y seguridad, que la aplicación integral de la noción de buena fe, podrían poner en peligro. Si las relaciones sociales modernas, exigen una confianza entre los cocontratantes, que no debe ser engañada, estas relaciones exigen ante todo normas seguras y fácilmente aplicables, con el fin de que todo el mundo sepa a qué atenerse. No basta con alegar la noción de confianza, para determinar la medida segura en la reparación del daño, por ser aquélla demasiado delicada, sutil y psicológica; hace falta algún acto positivo, sea una negligencia o una culpa; en fin, algo "palpable", al lado de la noción de confianza. Es claro, que sobre este punto adoptamos las conclusiones de Roubier.

2.° — LA RESPONSABILIDAD CONSAGRADA POR LOS USOS DE COMERCIO.

66. En la doctrina francesa, se pueden notar también algunas opiniones, que sin llegar hasta la pretensión Windscheid, para declarar que la responsabilidad derivada de la preparación de un contrato, existe en virtud de la pretendida obligación legal, creen que dicha responsabilidad, se deriva de su consagración por los usos del comercio. Después de algún tiempo, en los usos de los negocios, exígese una cierta lealtad, compatible con la especulación,

45 WINDSCHEID: *Pandekten*. Novena edición. Francfort, 1906, II, 307.

46 *Obra cit.* Pág. 69.

y en virtud de la cual, los contratantes no se causan daños a la ligera. Pothier, citado por estos autores, admite la reparación del perjuicio causado con motivo de haberse roto las conversaciones preliminares, fundándose en la influencia de los usos comerciales. Valery, en su obra ya clásica, ve en la responsabilidad precontractual la aplicación de un principio de equidad consagrado por los usos[47]: "Es el uso quien autoriza al aceptante, para obtener una indemnización, en caso de revocación de la oferta; se admite en el mundo de los negocios, este derecho a una indemnización, como medio propio para facilitar las transacciones comerciales, y para desenvolver el mundo de los contratos por correspondencia. Este uso tradicional, no es contrario a ninguna decisión legislativa, por lo que debe tener fuerza de ley. La obligación de reparar todo perjuicio causado por la retirada de la proposición, se impone a todos los que emiten ofertas por correspondencia, en virtud de un acuerdo tácito y unánime de todas las personas capaces de contratar.

A ella se someten por el solo hecho de ofrecer, sin insertar ninguna reserva en contrario. La acción del aceptante tiene, pues, su fundamento, no en el artículo 1.382 del Código francés, sino en los artículos 1.135 y 1.160 del mismo cuerpo legal. En consecuencia, para obtener indemnización, no es necesario imputar al proponente, que obró de mala fe; es suficiente comprobar la revocación, y que este acto, produjo un daño al destinatario de la oferta. Conforme al artículo 1.149 del Código francés, el importe de la indemnización comprende el *damnum emergens* y el *lucrum cessans*

Girault, expuso años antes una teoría muy parecida[48].

Lyon-Caen y Renault, en su *Tratado de Derecho comercial*, son también partidarios de esta doctrina. Su opinión es quizá más reservada que la de Valery[49]: "Según los usos de comercio, el que hace una oferta, se considera obligado a no retirarla, antes de expirar el plazo necesario, para que aquel que la reciba pueda responder (en el sentido de Demolombe). Por consecuencia, si la aceptación se hace dentro de este plazo, el contrato se forma, a pesar de la retractación de la persona que ofrece. Si el contrato no se ejecuta, pueden reclamarse los daños y perjuicios. El uso de comercio se justifica en este punto, por consideraciones de orden práctico, puesto que quien recibe la oferta y quiere aceptar, puede haber hecho gastos considerables. En cuanto al plazo, en defecto de convención, los Jueces gozan de un poder ilimitado, teniendo en cuenta las costumbres de las partes y los usos."

67 Es verdad que, en materia comercial, los usos tienen una gran fuerza. Thaller y Perceron dan la siguiente definición: "Son convenciones tácitas; como las cláusulas expresas, derogan a las leyes, que no sean ni imperativas, ni prohibitivas. Cuando las partes se refieren a cierto uso, en el momento de contratar, es el uso contrario a la ley, el que regulará la convención"[50]. Si en materia comercial, se pueden derogar las leyes por los usos, parece

47 VALERY: *Des contrats par correspondance.* París, 1895, página 179.

48 GIRAULT: *Traité des contrats par correspondance.* París, 1890, número 106.

49 Obra cit. III, núm. 15.

50 THALLER y PERCERON: Traité elementaire de Droit commercial. Octava edición. París, 1931, I, núm. 1.000.

incuestionable, que, bajo el imperio de los usos existentes, puedan también resolverse, las dificultades que nacen, con ocasión de la preparación del contrato. Para esto es preciso que los usos existan.

Baudry-Lacantinerie y Barde, critican esté teoría[51]: "La explicación no nos parece satisfactoria. En primer lugar, la existencia del uso sobre el cual se basa, no está demostrada. La cuestión que nos ocupa sólo ha sido resuelta por la doctrina. En todo caso, las colecciones de jurisprudencia permanecen mudas sobre el uso alegado. Por otra parte, suponiendo que exista, sólo se le concibe en materia comercial. La explicación no es por tanto suficiente."

Lacour y Bouteron, dirigen otros reproches, a la teoría basada sobre los usos[52]: "... Esta solución está, según la mayoría de los autores, fundada sobre los usos de comercio. Sin duda, puede referirse a los usos, la interpretación de los contratos, para determinar la extensión de la obligación que incumbe al comerciante, pero para ello, es preciso que, ante todo, conste la existencia de la obligación, porque los usos por sí solos, son insuficientes para explicar su nacimiento."

Si relacionamos los dos artículos del Código civil, alegados por Valery, veremos que, en efecto, se trata de contratos ya formados. El artículo 1.135 del Código francés nos dice: "Las convenciones obligan no sólo a lo que se expresa, sino también a todas las consecuencias que, según la equidad, el uso o la ley se derivan de su naturaleza." El artículo 1.160 del mismo cuerpo legal, está concebido en estos términos: "En el contrato, deben suponerse las cláusulas usuales, aunque no se expresen." Mas si hacemos abstracciones de esto, no sin razón se ha dicho, que los usos, no pueden aplicarse, a la formación del contrato, sobre todo, cuando las leyes guardan silencio sobre este punto. La gran dificultad se encuentra, en saber si tales usos existen. La jurisprudencia, como veremos, no los reconoce claramente, pero tampoco rechaza la idea.

SECCION CUARTA

RESPONSABILIDAD PRECONTRACTUAL "SUI GENERIS". TEORÍA DE FAGGELLA

68. Entre las diferentes teorías sostenidas, sobre el objeto de nuestro estudio, una merece especial examen, por su originalidad: es la teoría de Gabrielle Faggella, que construye una responsabilidad precontractual *sui generis*[53]. Hace un estudio muy profundo, sobre la formación, psicológica, económica y jurídica a la vez, del contrato. Sólo examinaremos las ideas que tienen directa relación con nuestro estudio. Después de haber estudiado desde el punto de vista psicológico las diferentes fases de la preparación del contrato (divide el período precontractual en tres fases), Faggella da una solución práctica muy razonable[54]. Las partes, en el curso de sus conversaciones preliminares, llegan a ciertos acuerdos de voluntad, que, sin ser de naturaleza obligatoria, no

51 *Obra cit.* Tomo I, pág. 48.

52 *Obra cit.* I, núm. 743.

53 FAGGELLA: *Obra cit.*

54 FAGGELLA: *Obra cit.* Págs. 297 y siguientes.

deben tener tampoco la consideración de simples proyectos en el aire. Estas conversaciones engendran entre los interesados relaciones más concretas, relaciones que salen de la esfera de las conversaciones mundanas, para entrar en el campo del Derecho, sin que por ello obliguen de tal manera, que las partes se vean privadas, del derecho a no concluir el contrato. Cuando el contrato no se concluye, porque se retira la parte, cuyo consentimiento falta, no hay posibilidad de pedir la ejecución de la oferta, porque no hay antecontrato, ni posibilidad de pedir indemnización de daños y perjuicios, por la ruptura de las conversaciones preliminares, si no hay falta culpable de parte del revocante.

69. Sucede generalmente, que, durante las conversaciones preliminares, no hay más que simples entrevistas verbales, o cambio de cartas; es posible, que una de las partes, haya realizado gastos, desembolsos en metálico, o trabajos, para la confección de planos y presupuestos, muestras, modelos y maquetas, en una palabra, que haya sufrido alguna pérdida patrimonial momentánea. Aquí entonces, se presenta claramente, el problema de la responsabilidad, de quien, por su desistimiento, ha hecho imposible, el otorgamiento del contrato, y ha obrado de suerte, que esta pérdida patrimonial provisional, se convirtió en perjuicio definitivo. Es posible, que las partes hayan realizado convenciones particulares sobre este punto, o que la persona que efectuó los desembolsos, pueda reintegrarse, por otra razón jurídica, como la gestión de negocios ajenos, o el enriquecimiento injusto. En ambos casos, la responsabilidad se debermina, según las reglas especiales del contrato, o de estas instituciones jurídicas. Los trabajos preparatorios, llevados a cabo, en vista del otorgamiento de un proyecto de contrato, sin que exista convención especial, producen situaciones jurídicas más delicadas, que se determinan en gran parte, por el carácter de la ruptura de las conversaciones. Es preciso, ante todo, examinar la manera como han sido rotas dichas conversaciones preliminares, para ver si hay medio de reclamar indemnización. Se puede hablar de ruptura objetiva, si una de las partes recibe otra oferta más ventajosa de un tercero, o con mayores probabilidades de éxito, más amplias garantías de ejecución o mayor extensión en el mundo de los negocios. Si las conversaciones se rompen por razones distintas de las meramente objetivas, nace una responsabilidad, que permite el reembolso de los gastos efectuados. Estos gastos reembolsables son sólo aquellos que se realizan en interés del contrato, para facilitar su otorgamiento. Los trabajos efectuados antes de que las partes se encuentren en el camino del contrato, evidentemente no son computables, cual ocurre, con los planos, proyectos y cosas construidas para servir de modelo, en todos los contratos que una persona realice normalmente, por su profesión, o con los trabajos efectuados para presentarse a un concurso. Esta solución es nueva en la doctrina, porque excluye completamente al famoso "interés negativo" (indemnización que coloca a la parte lesionada en la misma situación patrimonial en que se encontraba antes de obligarse en el camino del contrato). Sólo ve los desembolsos realizados en interés común del negocio proyectado, excluyendo completamente de su protección, los Gaztos que realiza una persona en su interés exclusivo, porque espera un gran beneficio del otorgamiento del contrato. Estos desembolsos, quedan a su cargo, como riesgos de la especulación. El fundamento original que Faggella da a la responsabilidad precontractual, explica esta solución. Dicho

fundamento se encuentra, en el consentimiento de dos personas, para entrar en conversaciones preliminares, y para realizar durante ellas, los gastos que sean necesarios, con el fin de otorgar el contrato, en interés común.

Entonces el consentimiento, contiene una garantía tácita, en virtud de la cual, debe repararse el perjuicio causado por la ruptura brusca de las conversaciones, y especialmente el más "palpable" perjuicio, que consiste en el importe de los gastos efectuados para llegar al acuerdo final. Mas para esto, es absolutamente necesario, que las partes hayan manifestado su consentimiento y voluntad, de entrar en conversaciones. No es suficiente, por tanto, que una de las partes, haga preparaciones costosas, para someter a la otra los proyectos, sin que ésta sepa, que realiza en su interés, dichos trabajos. Hace falta una terminante declaración de voluntad, dirigida a comenzar las conversaciones preliminares.

70. Más lejos Faggella, analiza la proposición para contratar[55], y encuentra que dicha proposición, puede representar un trabajo común de ambas partes, porque para llegar a este estado de proposición definitiva, es preciso que los interesados, hayan ejecutado un trabajo previo, o desembolsos de metálico, en cuyo caso deberá decirse, que la proposición no pertenece a la parte que puede retirarla, quien mediante la revocación de la oferta, habrá realizado un daño, en bienes pertenecientes al patrimonio de otro.

En su artículo, bien documentado, Faggella resume estas ideas, diciendo que "hay una responsabilidad posible, desde el comienzo de los tratos, fundada sobre el consentimiento de las partes, que concurren a la preparación del contrato, y sobre la posibilidad de que se destruya un valor patrimonial, causando perjuicios a la parte que realizó los desembolsos. El consentimiento dirigido a ponerse en relación contractual, contiene la obligación tácita, de indemnizar la partida de gastos y trabajos precontractuales efectuados. Estos gastos, trabajos y desembolsos, deben haberse producido, mediante el consentimiento, de llevar a cabo los tratos, y no por la propia iniciativa de quien los realiza. La raíz de la responsabilidad, no está, ni en el vínculo contractual, ni en la culpa in contrahendo, ni en el acto de asumir una garantía, ni en un mandato o gestión de negocios. Para completar la responsabilidad, se puede concebir una esperanza legítima truncada por la no conclusión del contrato. La voluntad de las partes puede aligerar la responsabilidad." Faggella concluye con una observación muy comprensible, porque el mismo es Magistrado: "El Derecho romano ignoraba semejante responsabilidad en vía legal, pero todos estos negocios, estaban directamente sometidos, a la influencia de los pretores, que mediante las acciones *in factum,* concedían una protección, a los que probaban el perjuicio. ¿Por qué impedir que el Juez moderno pueda atender del mismo modo a las necesidades de la práctica?"

71. La opinión que Faggella expone, escrita en un período de grandes discusiones doctrinales y cuando las nociones más modernas se introdujeron en el Derecho positivo, puede resumirse del modo siguiente: Todo individuo que consiente en entrar con otro, en conversaciones preliminares, para celebrar un contrato, por el acto mismo de su consentimiento, asume la responsabilidad derivada de la destrucción de valores patrimoniales, que

55 FAGGELLA: Obra cit. Pág. 304.

puedan ocurrir, durante los expresados tratos preparatorios. Es una especie de riesgo contractual. El que quiere contratar, asume todos los riesgos engendrados por su consentimiento, durante las conversaciones, si en las condiciones fijadas por esta doctrina se puede hablar de un perjuicio.

Esta doctrina, ciertamente es muy original, pero como hace notar con recto criterio Saleilles, en su bello estudio crítico sobre la teoría de Faggella[56], en Derecho francés, donde falta un texto preciso de la ley, sólo podrá basarse la responsabilidad, en la culpa extracontractual, o en una obligación tácita. Es verdad, agrega, que en la mayor parte de los casos examinados por Faggella, podrá hablarse de culpa (con más razón hoy, cuando la noción de falta culpable tiende a extenderse). En la práctica, además, surgirán para el Juez dificultades graves, porque será casi imposible establecer, frente a determinado riesgo, cuál es la persona que debe sufrir sus consecuencias. Encontramos en esta teoría, mucho de lógica, pero prácticamente, nos parece de difícil aplicación, faltándole una base, un punto de apoyo, suficientemente sólido.

72. Así finaliza la exposición de las diferentes opiniones doctrinales, sobre el objeto de nuestro estudio. No habiendo consignado más que las teorías de algunos autores reputados, y ante esta multitud de opiniones diversas, es muy difícil que demos la nuestra. Insistimos particularmente, en que nuestro problema, se nutre de necesidades prácticas. Como es equitativo, que la parte que efectúa los gastos, no sufra un perjuicio, precisa encontrar la mejor solución posible, para concederle una indemnización que no resulte contraria, a los principios del Derecho positivo actual.

Lo que importa saber, desde el punto de vista económico positivo, es si existe o no, el derecho a percibir la indemnización en este caso. Luego, por interés científico y jurídico, podrán examinarse los principios en que se funda el Derecho, o en virtud de qué razonamientos, se niega a la parte lesionada. Faggella, vio muy bien estas necesidades prácticas, Magistrado, él sabe, que los Jueces desempeñan un importante papel, en la aplicación de los principios de Derecho, con que se suple la carencia de textos, cuando precisa conceder una indemnización, basada en razones de equidad. ¿Qué es lo que hacen los Jueces en esta materia? Para responder a la pregunta, es indispensable recorrer la jurisprudencia. Así lo haremos en la segunda parte de este trabajo, titulada "parte práctica". Después de haber hecho un estudio crítico sobre la jurisprudencia, podremos exponer una opinión definitiva más fácilmente.

56 SALEILLES: "A propos d'une nouvelle étude sur la responsabilité precontractuelle", en *Revue trimestrielle*. 1907, pág. 696 y siguientes.

SEGUNDA PARTE
ESTUDIO PRÁCTICO

73 Después de haber definido, el negocio que puede nacer, entre las personas que preparan un contrato, y de haber demostrado que existe en principio una obligación de reparar el perjuicio causado, en esta segunda parte, ensayaremos, el examen de semejante obligación, tal como se presenta en la práctica.

La jurisprudencia francesa, que en seguida estudiaremos, es muy vacilante; no concede siempre indemnización, por los gastos de la preparación del contrato, no concluido; sólo otorga este derecho, cuando le parece equitativo. Por otra parte, las decisiones que hemos podido encontrar, relativas al objeto de nuestro estudio, no conciernen más, que, a pocas de las cuestiones importantes, que pueden surgir en el curso de la preparación del contrato; esto nos obliga a extender ciertas soluciones, para casos análogos. En materia de culpa extracontractual, llama la atención, el gran número de decisiones emanadas de las jurisdicciones inferiores; la Corte Suprema, por el contrario, ha intervenido muy poco.

Agruparemos los diferentes casos prácticos, en dos títulos: en el primero estudiaremos, las dificultades que nacen, a propósito de pérdidas patrimoniales, ocasionadas por la preparación del contrato. En el segundo nos ocuparemos, de los accidentes que pueden ocurrir, durante las conversaciones preliminares.

TÍTULO PRIMERO

DE LAS PÉRDIDAS PATRIMONIALES QUE LA PREPARACIÓN DE UN CONTRATO PUEDE OCASIONAR A LAS PARTES.

73 bis. La preparación de un contrato, puede ocasionar desembolsos, gastos y trabajos, que cuando dicho contrato al fin no se otorga, implican una pérdida patrimonial para la parte a cuyo cargo quedan. En el primer título, estudiaremos las soluciones dadas por la jurisprudencia en algunos casos particulares, estudio crítico que tiene por objeto, obtener algunas ideas generales, que permitan resolver los casos análogos que puedan presentarse. Ya en el Derecho relativo a las personas, encontramos una jurisprudencia bastante repetida, que concede reparación de daños y perjuicios, por la ruptura de un acuerdo cuando hubo gastos; nos referimos a la ruptura de los esponsales. Esta materia no puede estudiarse ahora, más que a título de comparación lejana, porque el solo elemento común que este problema presenta, con el nuestro, es el de la reparación de un perjuicio, causado por gastos que al fin resultan inútiles, realizados si queremos en contemplación de un contrato, el matrimonio. La base de la reparación, sin embargo, es diferente, porque en materia de esponsales, hay ya una convención, derivada de las relaciones entre las partes, por lo que pueden ser considerados dichos esponsales, como un ante acto[1]. De todos modos, hay jurisprudencia muy interesante sobre este punto, cuyo estudio, puede suministrar elementos de comparación, con la materia objeto de nuestro trabajo[2].

Los contratos que estudiaremos, son aquellos, que, en la vida de los negocios, entran en el cuadro propiamente dicho, del Derecho de obligaciones. Agruparemos los casos prácticos en algunos capítulos, según su carácter más o menos análogo.

1 DEMOGUE: *Obligations.* II, pág. 55. —LEDUC: *Obra cit.*, págs. 114 y 220.
DEMOGUE: *Des fiancailles et promesses de mariage.* París, 1914.

2 Algunas decisiones: Metz, 20 de abril de 1866 (citado por De. mogue, *Cit.)* París, 26 de junio de 1894 (Dalloz, 1895, 2, 86). Tribunal del Sena, 30 de abril de 1909 *(Gaz. Trib.*, 25 de agosto de 1909). París, 19 de octubre de 1913 *(Gaz. Trib.*, 1913, 2, 409).

Capítulo primero

La venta y negocios análogos

74. La preparación de una venta, puede ocasionar gastos de naturaleza muy diversa, cuales son: la necesidad de efectuar un viaje, de enviar el objeto al futuro comprador, o de realizar ensayos. Esto nos obliga a precisar, que los ensayos practicados en vista de una venta, y la venta a ensayo, no son dos nociones del todo idénticas. De la venta a ensayo se ocupa el artículo 1.588 del Código francés, y constituye una venta ya perfecta, pero bajo la condición, de que la cosa que forma el objeto del contrato, satisfaga al comprador, después de efectuar los correspondientes ensayos. Esta venta se caracteriza, por la aplicación de los efectos de la condición suspensiva (artículo 1. 182, Cód. francés), "pendente conditione"; hasta el ensayo, los riesgos corren a cargo del vendedor (artículos 1.182 y 1.601, Códg. fr). Una vez realizado el ensayo, y satisfecho el comprador, el derecho de éste se remonta al día del contrato. Aunque el vendedor caiga en estado de concurso de acreedores o quiebra, durante el tiempo comprendido, entre la venta y dicho ensayo, puede reivindicarse la cosa contra los acreedores de la masa. Mas aparte de la aplicación de los efectos de la condición suspensiva, nos encontramos en presencia de un contrato perfecto; todas las dificultades que pueden nacer, singularmente durante el plazo en que el comprador hace los ensayos, en defecto de convención, o si el comprador se obliga a tomar la cosa si los ensayos resultan satisfactorios, se resolverán en virtud de las normas que rigen las obligaciones contractuales[3].

1— De los gastos inútilmente ocasionados por la preparación de una venta o de otro contrato análogo.

75 Trátase de los ensayos realizados en vista de una venta, un cambio u otro contrato análogo, así como de los trabajos y desembolsos efectuados, para determinar al futuro comprador, a consentir en el contrato. El ensayo de un automóvil o de un animal, da lugar a una pérdida patrimonial para el vendedor, si el negocio no se concluye, pero normalmente, esta pérdida es nominal , porque si está en los usos, hacer un ensayo de ciertas cosas, antes de comprarlas, este ensayo se verifica también en interés del vendedor, y ninguna indemnización puede reclamar, si a pensar del ensayo la venta no llega a perfeccionarse, a menos que el futuro comprador, se obligue de manera más

3 Gouillouart: *Vente.* Tomo L Segunda edición. París, 1890, número 45. Colmar, 17 de diciembre de 1929 *(Revue juridique d'Alsace,* 1930, pág. 139).

o menos imprudente . Hay, sin embargo, casos más complicados. En vista de la venta o del cambio, de una cosa de valor considerable, es obligado llevar a cabo, tasaciones costosas, valiéndose de peritos, cuyos honorarios, implican una pérdida patrimonial para la parte que los abona.

Un caso muy interesante fue juzgado por el Consejo de Estado francés. (C. E. 25 marzo 1887)[4]. Un propietario y la Administración sostenían conversaciones para cambiar ciertas heredades. El reglamento concerniente a las formalidades administrativas necesarias para efectuar el cambio, exigía que las fincas objeto del mismo, fuesen tasadas por peritos, con objeto de conocer su valor exacto. El propietario procedió a este peritaje. El proyecto de cambio no pudo realizarse, porque la autoridad administrativa superior negó la necesaria aprobación. Entonces, el propietario de la finca, reclamó una indemnización, por los gastos del peritaje, efectuados sin razón alguna. En el caso decidido, las circunstancias no eran favorables a esta pretensión, porque resultaba claramente, que ninguna falta culpable podía atribuirse a los agentes de la Administración pública, quienes exigieron el peritaje, conforme ordenaban los reglamentos, y a reserva de la oportuna aprobación superior. El Consejo de Estado, declara irresponsable a la Administración, de acuerdo con la doctrina constante de este Tribunal administrativo. Por otra parte, dicho Consejo de Estado admite, que la responsabilidad de la Administración nace, cuando la persona sufre un perjuicio, por negarse la autorización, en caso de culpa grave de los agentes de la repetida Administración[5]. Para que los ensayos efectuados durante la preparación de una venta, puedan crear responsabilidad, es preciso, pues, que la parte que ha consentido los ensayos, incurra en culpa. La solución se justifica de este modo: Si para un negocio que me parece ventajoso, hago que se efectúen ensayos para convencer a otra persona, con objeto de determinarla a consentir en el contrato, soy yo quien debo sufrir el riesgo, si el contrato no se celebra, más si la otra persona me obliga a efectuar los ensayos a la ligera, sin preocuparse del daño que puedo sufrir, hay culpa de su parte, y me debe una indemnización.

76 Otra cuestión que puede presentarse en la práctica, es la relativa a los gastos que ocasionan los anuncios de venta, a consecuencia de los cuales, se hacen viajes u otros desembolsos de diferente naturaleza. Una decisión que emana de jurisdicción inferior, pero que, sin embargo, es muy interesante, fue dictada por el Tribunal de Paz de Montmort, el 17 de mayo de 1901 (Dalloz, 1905-2-77), sobre los gastos de viaje derivados de cierta oferta de venta, publicada en los periódicos. Se trataba de un anuncio, puesto en varios periódicos, señalando día y hora para celebrar una subasta. Antes de este día el vendedor encontró un comprador, y enajenó privadamente los objetos anunciados, sin publicar la suspensión de dicha subasta. Varias personas se desplazaron el día anunciado, y ante la imposibilidad de la venta, ejercitaron una acción contra el anunciante, reclamando indemnización de daños y perjuicios. El Tribunal les da la razón. Declarando el derecho del vendedor, a tratar particularmente con cualquier futuro comprador, le condena, sin

4 Dalloz, 1888, 5, 159.

5 Consejo de Estado francés, 29 de junio de 1872 (Dalloz, 1872, 3, 4), y 5 de diciembre de 1884 (Dalloz, 1886, 3, 84).

embargo, por no haber advertido que la subasta se había suspendido. Véanse algunos de sus fundamentos: "Atendiendo, a que los cuasi delitos, son hechos en virtud de los cuales, una persona, por negligencia, imprudencia o inobservancia de reglamentos, causa un daño a otro (Cód. fr., art. 1.383) ... Atendiendo, a que la culpa existe, aunque las personas no tengan ninguna intención de dañar"... "la mala fe no es necesariamente un elemento de la culpa que entraña responsabilidad." (Reg. 28 junio 1899. Dalloz, 1900, 1,458) ... "Atendiendo, a que todo acto que causa a otro un daño obliga a reparar, (Código francés, art. 1.382), atendiendo por otra parte, a que las convenciones obligan no sólo a lo que se expresa, sino también a todas sus consecuencias naturales, conforme a la equidad, al uso y a la ley (Cód. fr., art. 1.135)..." tendiendo, a que la equidad produce deberes: y que, en todo caso, el uso exige prevenir al público, de la reserva del derecho a tratar, antes del día fijado para la venta, cuando el objeto del demandado, al hacer las publicaciones, era llamar a los interesados en dicha venta. Atendiendo a que el demandado hizo una publicidad muy limitada para advertir que la venta no tendría lugar, en comparación con la antes efectuada para llamar a los interesados. Atendiendo, a que, al obrar así, sin intención de dañar, ha cometido una falta, una negligencia que constituye cuasi delito. Atendiendo a que esta negligencia, fue la causa, de que ciertos interesados se desplazasen, y en particular el señor A., cultivador en X, quien, efectuando expresamente un viaje oneroso, con objeto de asistir a la venta anunciada, y de comprar cameros, ha justificado un daño, cuya remuneración puede pedir del demandado..." Esta decisión, muy explícita, concede una indemnización, equivalente al importe de los gastos de viaje, en atención, a que si bien el oferente pudo revocar su oferta, antes de la aceptación, debió advertir de ello a los interesados, valiéndose de los mismos periódicos. Los términos de los fundamentos de dicha sentencia, son un poco confusos, queriendo abarcar demasiados textos a su favor, se apoya en el artículo 1.135 del Código francés, que nada tiene que ver con esta materia, porque se refiere a las convenciones ya perfectas. La aplicación del artículo 1.383 del Código francés, es completamente suficiente, porque en nuestro caso hubo negligencia, por parte del que no impidió que los interesados, asistiesen a la subasta. La sentencia habla también de equidad, de los usos, y de los buenos principios de Derecho, pero esta equidad se trae, sobre la sólida base del artículo 1.383 del Código francés, donde se establece la responsabilidad de quien por simple negligencia causa un daño a otro.

2- De la pérdida de un objeto depositado, en vista de una venta o de otro contrato análogo.

77. Frecuentemente la preparación de una venta o de otro contrato, exige el transporte del objeto, con el fin de que sea examinado por el futuro comprador, que, para el caso de perfección del contrato, lo guarda en su propia casa. Es posible, que el objeto se extravíe, o sufra un deterioro. Entonces se presenta el problema relativo, a la carga de los riesgos: Si deben ser de cuenta del vendedor, puesto que es su propietario, hasta que el contrato se perfeccione, y la cosa normalmente se pierde para su propietario, *res perit domino.*

78. Como sin embargo este envío se hace con objeto de preparar un contrato, y casi siempre a petición del futuro comprador, es poco equitativo,

dejar todos los riesgos a cargo del vendedor. El Consejo de Estado francés se pronunció en un negocio de esta clase. La Administración fue declarada responsable de la pérdida de una cosa dejada en su poder para preparar cierto contrato. Un antiguo jefe de música militar húngaro, propuso al Ministerio de la Guerra francés, la venta de una pieza de música militar, el Ministerio le pidió que enviara los originales a París para someterlos a examen; el paquete remitido al Ministerio se perdió. En su resolución, el Consejo de Estado, declara que hubo negligencia, por parte de la Administración (artículo 1. 382, Código francés), al dejar que se perdiera la música, que había pedido por carta oficial. (Feix-Cons. Est. 12 enero 1912. Sirey, 1914, 3-107, y Dalloz, 1914, 3-28.) Esta solución es equitativa, porque precisa distinguir, entre las cosas que se envían a requerimiento del futuro comprador, quien se obliga a correr con los riesgos del objeto remitido, y aquellas otras, que, sin ninguna demanda, envía el vendedor, que desea a toda costa realizar la operación de venta, y con fines de publicidad comercial. Este último procedimiento es bastante frecuente, muchos comerciantes envían hoy sus mercancías al domicilio de ciertas personas, (sobre todo en el comercio de productos de belleza): Los objetos se pierden o se deterioran, en todo o en parte, pero en este caso, los riesgos corren a cargo de la persona que hizo la remesa, sin mediar petición alguna, salvo cuando pruebe la culpa de quien los recibió y admitió.

Cuando el envío del objeto es exigido por la naturaleza de las cosas, o la demanda de las partes, hay una cierta obligación de guarda, que puede explicarse por la idea del depósito. En el caso juzgado por el Consejo de Estado francés, podemos decir, que el Ministerio de la Guerra, se constituyó en depositario de la persona que, mediante su petición, le envió una pieza de música.

79. También encontramos, otras aplicaciones de la idea del depósito, en vista de la preparación de un contrato. Así, el tintorero, recibe un objeto de uno de sus clientes habituales, antes de conocer sus deseos. El cliente por cualquier causa, tarda en dar las instrucciones esperadas; el objeto se deteriora. El Tribunal de comercio de Lyón, que, por una decisión de 13 de agosto de 1920, se ocupa de este asunto, (Dalloz, 1921-2-76), lo trata de la manera siguiente: El hecho de recibir una cosa, esperando instrucciones, es un acto de complacencia; el tintorero que así recibe un objeto, y lo guarda más tiempo que de costumbre, porque el cliente retarda singularmente sus instrucciones, queda obligado a la responsabilidad derivada del depósito gratuito, (artículo 1.927, Cód. fr.) y por consecuencia, debe aplicar a la cosa confiada, los mismos cuidados que emplea en sus propios negocios. En este caso, el Tribunal estuvo visiblemente impresionado, por el retardo del cliente, moroso en dar sus instrucciones, y por esta circunstancia, niega la indemnización de daños y perjuicios.

De la jurisprudencia, podemos obtener la conclusión siguiente: Siempre que, en vista de la preparación de un contrato, el objeto de este contrato futuro, se confíe a la guarda de una de las partes, deberán darse inmediatamente instrucciones precisas, y habrá que aplicar las reglas del depósito gratuito, es decir, apreciar la responsabilidad de una manera atenuada. Esta no parece la mejor solución, porque el indicado depósito, se hace en vista de la preparación de un contrato oneroso, el depositario está pues directamente interesado, por lo que resultaría más justo, aplicar las reglas del depósito oneroso, (art. 1.928, Código fr.) que obliga a una guarda más rigurosa, que la del artículo lo 1.927 del Código francés, máxime cuando en semejante depósito, debe verse una operación preliminar, de un contrato a título oneroso[6].

80. Un caso parecido o casi idéntico fue resuelto por el Tribunal de comercio de Saint Brienc, el 15 de octubre de 1926, (Dalloz-Heb., 1917-80). Un caballo había sido vendido a ensayo el 28 de octubre, se entregó al día siguiente, y el animal murió el 3 de noviembre, en casa del comprador. Este pretendió, que en tanto no se hubiese ensayado el semoviente, y dado el consentimiento, no había venta, y sí tan sólo conversaciones preliminares, durante las cuales, los riesgos deben correr a cargo del propietario que entrega la cosa para ensayar. El vendedor por su parte alegó, que, según los usos, el comprador sólo tiene cuarenta y ocho horas para decidir, entendiéndose que acepta, si nada expresa en este plazo. El Tribunal dio la razón al comprador. Ningún plazo había sido estipulado, se trataba por otra parte de una venta bajo condición suspensiva, (art. 1.588), derivada de que la cosa agradase al comprador. Esta solución es justa, porque según opinión autorizada[7], el comprador puede dilatar los ensayos, todo el tiempo que desee, ya que, si el vendedor no quiere quedar a merced de la otra parte, puede requerirle para que se decida.

El mismo caso, podría presentarse en condiciones diferentes. Imaginemos, que el caballo sea enviado al futuro comprador, antes de que la venta haya tenido lugar, para que lo ensaye, y que perece en casa del expresado presunto comprador. Conforme dijimos antes, adoptaríamos los principios del depósito a título oneroso (art. 1.928 del Código francés), pero el Tribunal de Lyón, aplicaría las disposiciones menos rigurosas del artículo 1.927 del Código francés.

81. Si queremos obtener una conclusión, sobre esta jurisprudence, relativa a la preparación de las ventas y negocios análogos, como el cambio, por ejemplo, veremos en primer lugar, que el problema está dominado, por la aplicación de la responsabilidad por culpa o negligencia. Siempre que se observe falta, o simple negligencia, en una de las partes, ésta queda obligada a reembolsar y pagar a la otra, una cierta indemnización, por los gastos ocasionados sin ninguna utilidad, tales como son los de viajes, o los derivados del deterioro de las cosas. Mas cuando se trata de hipótesis, en las cuales se envía un objeto, en vista de la conclusión del contrato, vemos aparecer una responsabilidad objetiva, bastante atenuada, es verdad, pero donde la prueba necesaria de la culpa o negligencia, (artículos 1.382 y 1.383, Código francés), se substituye por cierta responsabilidad automática, a base contractual, o derivada del depósito, según se aplique el artículo 1.927, o el artículo 1.928 del Código francés, y más o menos ligera, según los resultados de la prueba contraria. Fuera de estos casos frecuentes, en los que se efectúa el envío a petición de una de las partes, y en donde la protección de los gastos encuentra un motivo contractual, para los otros casos de desembolsos preparatorios, es preciso acudir a la aplicación de la responsabilidad delictual o cuasi delictual.

---

6 DEMOGUE: *Revue Tri.* 1922, pág. 176.

7 GOUILLONARD: *Venta,* ob. cit. I, pág. 45.

Capítulo II

De la empresa y arrendamiento de obra

82. Con frecuencia nacen dificultades prácticas, con ocasión de la preparación de un contrato, cuya naturaleza jurídica, es la empresa o el arrendamiento de obra.

Los empresarios, en la esperanza de obtener un contrato de construcción o instalación, forman a menudo planos, hacen peritajes costosos, se procuran materiales, y esto a veces a consecuencia de conversaciones comenzadas por la parte que a ellos se dirige. Como la noción de empresa es muy amplia, y puede tratarse de diversas especies de contratistas, tomaremos los ejemplos más destacados de las empresas técnicas de la construcción. Cuando es un arquitecto, quien confecciona los planos y presupuestos, sin ser encargado después, de continuar su misión, es decir, de la vigilancia de la ejecución de las obras, ¿cuál es su situación, desde el punto de vista de los gastos que la preparación inútil del contrato ha ocasionado?

Hay una cuestión, en la que todos están de acuerdo, y sobre la que insistimos al principio de este trabajo. Para que el problema de la responsabilidad se presente, es preciso que los trabajos y gastos, hayan sido efectuados, en virtud de una petición formal, encaminada a la conclusión del contrato. La jurisprudencia, como veremos en este capítulo, es muy favorable a los arquitectos, pero exige para conceder su protección, que hayan levantado los planos y presupuestos, cuya remuneración reclamen, a petición del demandado. Así declaró el Consejo de Estado (Cons. Est. 20 enero 1882, *France judiciaire,* 1881- 1882, pág. 496), que un arquitecto municipal, carece de derecho a reclamar honorarios, por los planos confeccionados por él, sin haber recibido orden formal, aunque el alcalde que conocía dichos trabajos, no se hubiese opuesto. Podemos generalizar esta solución, diciendo, que todos los gastos y trabajos hechos por un empresario o arquitecto, antes de entrar en conversaciones, quedan enteramente a su cargo[8]. Los casos que examinaremos, se refieren a los gastos realizados cuando ya hay conversaciones preliminares entre las partes.

---

8 Gouillonard: *Traite du Contrat de Lonage.* Segunda edición. 1887, núm. 827. "Baudry-Lacantinerie y Wahl: *Du contrat de Lonage.* 3 de diciembre de 1907, núm. 3. 976.

1– DERECHO DE LOS ARQUITECTOS A UNA REMUNERACIÓN POR SUS TRABAJOS PREPARATORIOS DEL CONTRATO.

83. La primera observación que podemos hacer, se refiere a la diferencia, que la jurisprudencia establece, entre los arquitectos y los empresarios. El principio que se deriva de esta jurisprudencia es el siguiente: Los arquitectos tienen derecho a una remuneración por sus planos y proyectos, pero no tienen igual derecho los empresarios, en razón a los gastos preparatorios efectuados con objeto de concluir un contrato.

Una de las primeras decisiones que reconocen a los arquitectos él derecho a reclamar sus honorarios, incluso cuando sus planos y presupuestos no han sido ejecutados, es también del Consejo de Estado francés, y fue dada en 18 de diciembre de 1856 (Dalloz, 1857-III-49). Esta solución no ha sido impugnada por la doctrina, y parece consolidarse. Dos decisiones de la Corte de Casación de París de 27 de marzo de 1876 *(Gaz. Trib.,* 27 marzo 1876) y de 20 de abril de 1888 *(Gaz. Trib.,* 20 abril 1888) definen al arquitecto, como un mandatario del dueño de la obra. Se considera hoy como formando parte de las profesiones liberales, (Trib. del Sena, 22 Julio 1918, *Gaz. Trib., 2.* ° semestre, 1919, 2-339), que tienen derecho a sus honorarios[9]. Así declara el Consejo de Estado (resolución de 24 de marzo de 1899, Dalloz, 1900-5-686), que la administración que se dirige a un arquitecto pidiéndole un proyecto, y reconociendo su ejecución, debe abonarle una indemnización por los planos y proyectos levantados, si no los rechaza por culpa del mismo arquitecto.

En un asunto muy complicado, el Tribunal civil del Sena dio una sentencia análoga (de 21 de mayo de 1912, *Gaz. Trib.,* primer semestre, 1912-2-458). Había habido un concurso para la edificación de una gran obra. El proyecto del arquitecto N. fue elegido por el Jurado, pero la adjudicación final de los trabajos no se le dio, por haber rechazado los contratistas, los precios máximos admitidos por la sociedad que deseaba edificar el inmueble. El presidente de dicha sociedad fue condenado a reparar el perjuicio que el arquitecto sufrió, con motivo de sus trabajos aceptados por el Jurado, y con motivo de su falta de ganancia.

84 Si la solución es favorable a los arquitectos, los cuales tienen en principio derecho, a una remuneración por los planos y presupuestos confeccionados por ellos,[10] surge sin embargo la duda, al determinar el importe de esta remuneración. Un acuerdo del Consejo de Obras Civiles, de 12 pluvioso VIII, fija el derecho de los arquitectos, en el uno y medio por ciento, del valor de los trabajos que deban ejecutarse, según el presupuesto. Fremy Ligneville y Perriquet en su *Tratado Clásico*[11], dicen que también, que es justo conceder un derecho tan elevado a los arquitectos, cuyos planos no han servido para la construcción. Pero, esos emolumentos, se conceden, en razón de la responsabilidad, derivada de la dirección de la obra, cuya circunstancia falta en nuestro caso. Los autores proponen, que cuando la obra no se ejecuta, se conceda una simple cantidad alzada, por el trabajo suministrado, en la

---

9 MINVIELLE (G.): *La profession d'architecte.* París, 1921.

10 Tribunal de Paz de París. 9. ° 26 de mayo de 1922 *(Gaz. Pal.,* 1922, 305).

11 *Traité de la legislation des bailments.* Segunda edición. París, 1881. I, núms. 207 y 208.

confección de planos y presupuestos inútiles. Gouillonard, por el contrario, encuentra más equitativo, conceder honorarios proporcionales, (es decir el uno y medio por ciento), porque ejecutándose los planos, con el mismo cuidado, ignoran que no habrían de llevarse a la práctica[12].

Sea de ello lo que quiera, el Tribunal del Sena, en sentencia de 7 de febrero de 1929, *(Gaz. Trib.*, 1929, 2. ° sem., 2-52), reconoce ampliamente, el derecho del arquitecto, a obtener una remuneración, cuando no se continúe la obra, después de confeccionados los planos, declarando que esta remuneración puede ser libremente apreciada por los Jueces. En defecto de toda convención, es preciso aplicar las reglas del mandato, o del arrendamiento de obra, basándose sobre los trabajos realizados, o sobre los servicios prestados. Esta solución, que se aproxima a la primera opinión, es a nuestro juicio la mejor. Los Jueces de hecho, aplicando las reglas del mandato y de la *locatio Operarum,* sabrán con acierto, fijar una indemnización equitativa, y si es preciso acudir al dictamen de peritos, éstos mejor podrán establecer el valor de un trabajo ejecutado, que el valor de un trabajo futuro.

2— LOS CONTRATISTAS NO TIENEN DÉRECHO A NINGUNA REMUNERACIÓN POR SUS TRABAJOS DE PREPARACIÓN DE LOS CONTRATOS

85.° En cuanto a los contratistas, la jurisprudencia es claramente desfavorable.

Una decisión de la Corte, de París de 27 de marzo de 1912, *(Gaz. Pal.;* 1912-2-210), primera en esta materia, puede resumirse así: La sola confección de presupuestos, por el contratista de obras, faltando un convenio especial, en virtud del cual se calculen, no implica por sí misma, el derecho a percibir remuneración, por ser preliminar del negocio, y no tener el carácter jurídico de policitación. Importa poco, que, durante el curso de las conversaciones, que tienden a concluir el contrato, el contratista haya tomado medidas, para procurarse el agua necesaria para la obra, porque este hecho aislado, no puede interpretarse, como un acto de ejecución de la empresa. Tampoco importa, que el contratista, en vista de la marcha de los tratos, haya comenzado sus gestiones, para adquirir materiales, porque este acto, sólo constituye, una manifestación de esperanzas y previsiones personales. (En la decisión de la Corte de París, quizás hayan influido las circunstancias del caso: el contratista había consentido en hacer otro proyecto, sin exigir el pago del anterior; a los ojos de la Corte, esto constituye un abandono sin reservas del proyecto primitivo)[13].

Después de esta decisión, varias veces se ha ratificado la misma doctrina.

El Tribunal de Paz del noveno distrito de París, (decisión de 26 de mayo de 1922, *Gaz. Pal.*, 1922-2-305) rechaza también toda remuneración, a favor del contratista, que confecciona los planos, antes de que el contrato definitivo se otorgue, fundándose para adoptar este criterio, en que dicho contratista, obra impulsado por el deseo de obtener beneficios de la operación entera; por esta

---

12 GOUILLONARD: *Ob. cit.* Núm. 826.

13 En el mismo sentido, Consejo de Estado, 28 de febrero de 1902 (Dalloz, 1903, 3, 59).

causa, pone gratuitamente sus planos a disposición del público; forman parte de un conjunto, sin el cual no se pueden concebir, ni remunerar.

El Tribunal civil del Sena, pronunció una decisión en principio análoga, el 13 de noviembre de 1922, *(Gaz. Pal,* 1922- 1-24). El contratista que confecciona los planos y presupuestos, ejecuta estos actos, a propósito de su profesión, pero carece del derecho a remuneración, porque no efectúa un trabajo directo de la misma, y sí tan sólo, un medio de obtener la ejecución de trabajos que aún no le fueron concedidos.

Otra decisión del Tribunal del Sena, de 9 de marzo de 1923, *(Gaz. Trib*1923-2-393) da análoga solución, para los planos ejecutados por un arquitecto, "paisajista", que es en realidad un contratista, que se ocupa de la creación y arreglo de parques y jardines. Se aplican en este caso los principios severos excluyentes de toda remuneración. En aquel litigio, además, las circunstancias eran desfavorables al arquitecto paisajista, porque había propuesto que ejecutaría el proyecto de transformación del parque, "sin que esto obligase a nada".

86. Para terminar, una sentencia muy interesante de la Corte de Colmar, dada el día 5 de diciembre de 1928 *(Revue juridique d'Alsace et de Lorraine,* 1929, pág. 364). Una sociedad explotadora de hoteles, deseaba instalar el agua corriente en sus inmuebles. Un contratista, hizo ofertas por carta, para la instalación, más el presidente del Consejo de Administración, no pudiendo darle los datos necesarios, le invitó a tomar los informes precisos, valiéndose de un especialista que podría enviar a reconocer las fincas. El instalador en efecto, ordenó que un especialista, tomase dichos datos, y después formuló un plan de obras costoso, que fue rechazado. No prosperó en primera instancia, su acción encaminada, a obtener una indemnización de daños y perjuicios, equivalente a los gastos efectuados inútilmente. La Corte de Colmar, rechaza el recurso de apelación, por los motivos siguientes: *a)* el trabajo efectuado por el contratista, es preparatorio, y está ligado a la suerte del contrato principal- *b)* es imposible ver en este caso un arrendamiento de obra, porque así no resulta de la voluntad presunta de las partes, (al contrario, si pudiera declararse un contrato tácito de arrendamiento de obra, esta circunstancia permitiría obtener una remuneración por el trabajo preparatorio). Esta decisión expone motivos muy interesantes, sobre todo cuando leemos: "Atendiendo a que la remisión de planos y presupuestos, no constituye más que un elemento accesorio de la oferta, destinado a poner en claro las ventajas de ésta, por cuya razón, los gastos que pueden ocasionar, forman parte de los gastos generales, que toda casa de comercio e industria, está obligada a soportar, para llegar a triunfar de la concurrencia."

87.° ¿ Por qué esta diferencia? Los arquitectos y los contratistas, ejecutan el mismo trabajo, y, sin embargo, aquéllos siempre son remunerados y éstos no. Depende la expresada diferencia, sobre todo, del concepto que se tiene de las dos profesiones. Minvielle, en su bello libro sobre la profesión de arquitecto, resume muy bien esta" opinio communis"[14], adoptada por la doctrina y por la jurisprudencia. El arquitecto, tiene esencialmente como profesión, la confección de planos y presupuestos, y en su virtud, debe ser remunerado,

---

14 *Obra cit.,* pág. 5.

cuando ejecuta estos actos de su profesión liberal, igual que en los demás casos de locación de obra, o en las diversas manifestaciones del mandato artístico. El contratista, cualquiera que sean sus cualidades y capacidad artística, es un comerciante, cuya actividad se dirige a concluir operaciones comerciales, es decir a realizar un negocio, para el cual, son precisos actos de preparación, pero de una manera accesoria, y basados en la esperanza de obtener el encargo. Si el arquitecto es el hombre de confianza del dueño de la obra, el contratista que especula sobre el negocio, es por el contrario su adversario.

Comerciante, el contratista, está sometido a las obligaciones profesionales de los comerciantes, y singularmente a la de llevar libros de comercio (art. 8.° Código Comer, francés), y a la publicación del contrato matrimonial (art. 67, Cóg. Comer, francés); pagando los impuestos de las profesiones comerciales e industriales; el contratista desde el punto de vista fiscal, es considerado comerciante. Puede ser elector y elegible para los Tribunales de comercio, declarado en quiebra, y puede ceder la clientela, como un fondo de comercio ordinario. Nada de esto es aplicable a los arquitectos en Francia, puesto que ejercen una profesión liberal, y ni aún quedan sometidos a la Ley de Accidentes del trabajo de 9 de abril de 1898[15].

En el Código de los deberes profesionales de los arquitectos, votado en el Congreso general de arquitectos de 1898, se distingue claramente la diferencia entre las dos profesiones, al establecer en su artículo 2.° que "esta profesión (arquitecto) es incompatible con la de contratista", y en su artículo 21, que "el arquitecto que se hace contratista pierde la cualidad de arquitecto". (Según el texto definitivo del Código de 1911)[16].

88. Esta distinción entre las dos profesiones, es justa y lógica, aunque en la práctica resulte muchas veces difícil de precisar. Mas sea de ello lo que quiera, importa no exagerarla, cuando tratemos de buscar el fundamento de la doctrina que niega la indemnización a los contratistas. El contratista que efectúa gastos, en vista de la preparación de un contrato, generalmente ejecuta actos preliminares, pero puede ocurrir también, que sean debidos a la invitación expresa de la persona con quien entra en conversaciones, la cual, obra de este modo, con la esperanza de concluir el contrato. Si entonces dicho contrato no se perfecciona, por rechazarlo la parte que ordenó los gastos, es indudablemente equitativo, que ella sola sea quien cargue con los desembolsos inútiles. Si no hay más que un plano provisional, un croquis, o un sencillo presupuesto ordinario, nos inclinamos a considerar estos trabajos, como la expresión gratuita de una esperanza futura de ganancia, pero si han tenido lugar conversaciones serias, si el propietario exige al contratista, que le someta planos detallados, que requieren preparación minuciosa, parecida a la de los arquitectos, o hacer un viaje con el fin de examinar el objeto del contrato, parece indudable, que no se trata de simples actos de publicidad comercial, sobre todo si en vista de la ejecución del trabajo esperado, el contratista hizo gastos considerables para procurarse los materiales o la mano de obra. A nuestro parecer, éstos

15 En este sentido, Tribunal del Sena, 22 de Julio de 1918 (*Gaz. Trib.*, 1919, 2, 339).

16 MINVIELLE: *Obra cit.*, pág. 19.

merecen una indemnización. La persona que, a pesar de los expresados esfuerzos, no da su encargo al contratista, debe tener en cuenta, que dichos gastos se realizaron en su interés, aunque siempre goce de la facultad de confiar la ejecución de las obras a otro profesional. Los Jueces sabrán fácilmente fijar el importe de la indemnización, teniendo en cuenta las circunstancias del caso[17].

Por suerte, para los empresarios, la jurisprudencia francesa, reconoce algunas atenuaciones al principio que estudiamos. Ignorar las excepciones que encontramos en esta jurisprudencia, sería hacer un estudio incompleto de la cuestión.

3— CASOS EXCEPCIONALES, EN LOS CUALES LA JURISPRUDENCIA RECHAZA UNA INDEMNIZACIÓN EN FAVOR DE LOS ARQUITECTOS Y ARTISTAS.

Hay ante todo casos en los que la jurisprudencia niega a los arquitectos, como a los contratistas, toda remuneración. (Esto se entiende fuera de la hipótesis que desde luego eliminamos, relativa a los trabajos hechos sin petición expresa.)

89. Es el caso, de los planos confeccionados, en vista de un concurso. Se declaró por el Consejo de Estado, en 4 de agosto de 1882 (Dalloz, 1884-3-3), que cuando el arquitecto hace un plano, para conseguir un empleo municipal retribuido, que había de proveerse mediante concurso, no puede obtener otra remuneración especial, si después el Municipio, le ordena que ejecute dicho plano. La obtención de la plaza de arquitecto municipal, es suficiente remuneración. El plano y proyecto, presentados en el concurso, constituyen trabajo parecido, al preparatorio del contratista, que no puede reclamar remuneración especial .

90. Una decisión reciente de la Corte de Alejandría, de 16 de enero de 1930 (*Bulletin de Legislation,* tomo XLII, página 202, *Revue trimestríellie;* 1930, pág. 872), es claramente opuesta, al principio tradicional de la remuneración del arquitecto, fundándose, en que se trataba de proyectos presentados en un concurso. Cierto propietario que deseaba construir una casa, se dirigió por vía de concurso a varios arquitectos, reservándose el derecho de elegir el proyecto más de su gusto. Un arquitecto cuyos planos fueron rechazados, esperaba obtener una remuneración, basándose en el principio general, pero los Tribunales negaron que en este caso tuviese derecho a percibir honorarios.

En un caso parecido, porque se trataba de un maestro grabador, artista como el arquitecto, el Tribunal de Paz del séptimo distrito de París, dio la misma solución al problema, con fecha 26 de junio de 1931. (*Gaz. Pal.,* 1931, 2. ° sem., 2-251.) La Academia de Marina, deseaba adoptar una medalla, para ser otorgada a título honorífico, y con este objeto, se dirigió a los artistas, abriendo un concurso. Un maestro grabador, que había presentado planos y presupuestos especiales, reclamó la correspondiente indemnización, pero su demanda fue rechazada por el Tribunal. En esta decisión, no se especifica claramente, que se desestima la acción, por tratarse de un concurso, pues en ella se habla sólo de oferta o policitación. En nuestra opinión, puede explicarse

17 DEMOGUE: *Obligations.* II, núm. 533, 4.°

dicha decisión, por la idea relativa a que siempre que se trate de un concurso, los trabajos se hacen, con la esperanza, de que sea adjudicada la obra, y sin derecho a ninguna remuneración, ya que los arquitectos, y otros artistas, están aquí asimilados a los contratistas, que hacen también sus planos, con la esperanza de obtener el encargo definitivo.

91. El carácter aleatorio de la obra, asimila el caso del arquitecto, con el del contratista, y, por tanto, no puede reclamar honorarios. Un asunto de este género fue juzgado por el Consejo de Estado francés, el 25 de Julio de 1902 (Dalloz, 1903-3- 59). Se trataba de un arquitecto, que hizo planos, para una construcción comunal, pero el Ayuntamiento, no llegó a utilizar esos planos, ni aprobó tampoco el proyecto. El Consejo de Estado estima, que en este caso hay una convención, que tiene el carácter de empresa de trabajos públicos, la cual necesita de previa autorización. Si falta este requisito, el arquitecto no tiene derecho a reclamar los honorarios por los planos levantados.

4— CASOS ESPECIALES, EN LOS QUE LA JURISPRUDENCIA, CONCEDE UNA REMUNERACIÓN EN FAVOR DE LOS CONTRATISTAS.

92. Al lado de estos casos excepcionales, donde el arquitecto no puede reclamar una indemnización especial, por su trabajo de preparación del contrato, encontramos otros casos, en los cuales, el contratista, que en principio no goza de derecho a remuneración, sí la obtiene, también como excepción de la regla general.

Así ocurre, cuando el contratista ejerce las funciones del arquitecto, es decir cuando levanta los planos, proyectos y presupuestos y vigila el trabajo emprendido[18].

Esta doctrina parece resultar de la jurisprudencia del Consejo de Estado francés, según se deriva de una decisión de 2 de febrero de 1894 *(Sirey,* 1896-3-6). Se trataba de un trabajo conjunto ya ejecutado, y en donde se presentó la duda relativa a saber, si el contratista, que había actuado como arquitecto, podía incurrir en la responsabilidad inherente a esta profesión. La jurisprudencia, resuelve la cuestión, de un modo afirmativo: por tanto, es justo conceder a dichos contratistas, los mismos honorarios proporcionales de los arquitectos. Si el trabajo no hubiera sido ejecutado, como no podría hablarse de responsabilidad, por parte del arquitecto, es dudoso que la jurisprudencia, concediera remuneración al contratista.

93. El segundo caso, en el que la jurisprudencia, concede una indemnización a los contratistas, es mucho menos dudoso. Trátase de los gastos preparatorios, llevados a cabo para presentarse en un concurso o adjudicación, si el contratista logra reunir las condiciones más beneficiosas.

Una decisión muy interesante existe sobre esta cuestión, dada por el Tribunal de Versailles, el 1 de junio de 1891. *(Gaz. Pal.,* 1894, 2.° sup. 3.) Cierto propietario, que pretendía construir un hotel sobre terreno de su propiedad, convocó a varios contratistas , haciéndoles saber, que adjudicaría el trabajo, a quien ofreciese mejores condiciones. Dos contratistas le sometieron proyectos

18 BAUDRY-LACANTINERIE-WAHL: *Obra cit.* II, núm. 3. 988.

muy beneficiosos, pero el propietario, sin tener en cuenta la oferta, dispuso que un tercero ejecutase las obras. Entonces los contratistas concursantes, reclamaron indemnización de daños y perjuicios. La demanda prosperó, por estimar el Tribunal, que incurre en culpa, el propietario que concierta la ejecución de las obras con otra persona, después de haber ofrecido su adjudicación, al contratista que le sometiere el proyecto más aceptable, para lo cual eran necesarios ciertos gastos. La falta culpable, justifica suficientemente la indemnización de daños y perjuicios. Desde luego se trata de una falta delictual, en el sentido del artículo 1. 382 del Código francés. Esta decisión de la jurisprudencia no es única, pues ha sido ratificada en numerosas ocasiones. Podemos citar en el mismo sentido, decisiones del Tribunal civil del Sena de 6 de marzo de 1901 y 24 de mayo del mismo año *(Gaz. Trib.,* 1901, 2.° semestre, 2-336) y del Consejo de Estado francés, de 1 de junio de 1900 (Dalloz, 1901-5-645), de 28 de junio de 1901 (Dalloz, 1902-3-107), y de 10 de Julio de 1903 (Dalloz, 1904-5-686). Así se deriva, del principio general aplicable, en materia de contratos, que se forman por concursos y adjudicaciones. En ellos existe la obligación de ordenar la ejecución del trabajo, al que ofrece las condiciones más ventajosas[19].

94. Por aplicación del principio general de equidad, contenido en el artículo 1.382 del Código francés, la jurisprudencia concede también indemnización a favor del contratista, cuando, justifica que los daños y perjuicios que reclama, han sido producidos, mediante la culpa o negligencia del propietario de la obra. Así consta en una decisión del Tribunal de Nantes, de 3 de febrero de 1909 *(Recueil de Nantes,* 1909-1-221). Un propietario, entra en relaciones con cierto contratista, quien, a consecuencia de las mismas, comienza a levantar los planos y presupuestos especiales necesarios. El propietario después no encarga las obras. El Tribunal, admitiendo como principio general que los contratistas no tienen derecho a indemnización, la concede desde luego en este caso. El propietario, desde el momento en que desistió de la obra, debió avisar al contratista, para que no continuase confeccionando planos costosos, o ejecutando trabajos inútiles: no haciéndolo, incurre en culpa o negligencia, y por tanto procede la indemnización de daños y perjuicios. Esta decisión, implica la aplicación de un concepto social de la culpa, demostrando a la vez, que los Jueces tienen por misión especial, acomodar el derecho a las necesidades prácticas. El contratista que confecciona especialmente para mí planos y presupuestos, por consecuencia de conversaciones preliminares existentes entre ambos, ejecuta trabajos de la misma naturaleza que los del arquitecto, y, por tanto, debe ser remunerado. El simple hecho, de que la doctrina y la jurisprudencia, consideren al contratista como un especulador, no debe impedir que, en este caso, sea remunerado del perjuicio sufrido durante las conversaciones.

95. Tiende la jurisprudencia, a considerar que existe culpa o negligencia, cuando una persona utiliza los planos y presupuestos efectuados por un contratista, a quien no se le encargan las obras. Este caso fue resuelto por el Tribunal civil del Sena en 13 de noviembre de 1922 *(Gaz. Pal,* 1923-1-24). El propietario entró en conversaciones preliminares con un contratista,

---

19 DEMOGUE: *Obligations.* II, págs. 283 y sigs.

encargándole los planos. Las expresadas conversaciones no llegaron a ningún fin práctico, pero el indicado propietario, se dirigió a otro contratista para que tomando por base los planos del anterior ejecutase las obras. El Tribunal condena al repetido propietario, a pagar una indemnización al primer contratista, fundándose para ello, en que, al utilizar sus presupuestos, cometió una falta culpable. Además, el juzgador alude a la noción del enriquecimiento injusto. El propietario que se aprovecha de los planos y presupuestos, confeccionados por un contratista distinto, del que ejecuta las obras, se enriquece injustamente, si no le paga ninguna indemnización. Aquí la aplicación del principio de derecho que impide el enriquecimiento injusto, nos parece bastante exacta. Podemos generalizar el caso, diciendo, que la persona que se beneficia de los planos y presupuestos, no se enriquece injustamente, a no ser que impida al contratista que participe del fruto de su trabajo.

96. Este caso nos hace pensar en otros de la misma especié . Un contratista de instalaciones técnicas, ha realizado investigaciones costosas, para encontrar un perfeccionamiento. Antes de pedir el *brevet* para su invención, envía un plano, a cierta fábrica, que se interesa mucho por la misma clase de asuntos. Pide de estos talleres, que le manifiesten, si dicho plano es suficiente para una fabricación en serie, y si la fábrica está dispuesta a comprarlo, para ejecutar el modelo. La fábrica responde negativamente, pero utiliza el plano, que aún no está patentado y por tanto no goza de la protección consiguiente, para fabricar por su cuenta el objeto propuesto. Habrá en este caso, una falta de parte de la fábrica, un abuso, o si se quiere un enriquecimiento injusto. Quizás sea interesante, establecer la correspondiente responsabilidad, sobre una base contractual, aplicando la idea del depósito tácito, como ocurre cuando se trata de envíos de objetos cuya venta se pretende. La persona que envía a otra el producto de su trabajo preparatorio, con el fin de concluir un contrato, el contratista que confía sus planos, el inventor que entrega sus proyectos, etc., deposita en manos de su futuro cocontratante, una cosa que constituye un cierto valor patrimonial. En su virtud, debe quedar obligado, como los depositarios, y singularmente a tenor del artículo 1. 930 del Código francés.

"El depositario no puede servirse de la cosa depositada, sin permiso expreso o presunto del depositante." La responsabilidad contractual permite en estas hipótesis obtener más fácilmente la indemnización.

Esta solución no contraría los principios generales sobre la materia; evidentemente el depósito es un contrato que supone la voluntad de las partes, pero generalmente, en la práctica, las circunstancias del caso son favorables a la presunción del depósito. Contrato real, que se perfecciona por la tradición de la cosa (art. 1.919 del Código francés), sólo puede presentarse la dificultad consiguiente a su prueba. Sobre 500 francos, hará falta una prueba escrita, pero la mayoría de las veces, se habrán cambiado cartas antes de enviar la cosa. Además, no debe olvidarse, que, en materia comercial, la prueba escrita, no es siempre indispensable (art. 1.341 del Código civil francés y art. 109 del Código de Comercio francés). Las mismas consideraciones, son favorables a la admisión del juramento, como medio de prueba en este caso.

97. A título de comparación, citamos una decisión del Tribunal del Imperio alemán, sobre la cuestión relativa, al envío de un modelo[20]. Cierta empresa de construcción de chasis y butacas, inventa un nuevo dispositivo que podía ser patentado. La Administración de Obras públicas, abrió concurso para suministrar un número determinado de butacas, con destino a un Círculo público en construcción, debiendo ser elegido el material, por la Oficina Central de Arquitectura pública. Esperando obtener este encargo, la empresa en cuestión, envió su modelo a dicha Oficina, quien retuvo mucho tiempo los diseños utilizables como planos para la construcción, negándose a devolverlos, aun después de haberse adjudicado el suministro a otra empresa diferente. El Tribunal del Imperio, concedió una indemnización, por la retención de los planos, fundándose, en que la Oficina Central de Arquitectura, que recibió el modelo patentable, debió emplear el mayor cuidado posible, para que no fuese utilizado con fines distintos de los que podían presumirse en el licitador. Así vemos que se aplican los principios del depósito, que encontramos en los artículos 1.927, 1.928 y 1.930 del Código francés.

98. En fin, también encontramos otros casos raros, en los cuales se concede por la jurisprudencia, una indemnización a favor de los contratistas, a pesar de no existir culpa por parte de los demandados, y sí tan sólo, un motivo de enriquecimiento sin causa. Ante la Corte de Poitiers, el 2 de diciembre de 1907, se resolvió el litigio siguiente (Dalloz, 1908-2-332): Un genealogista (que puede ser asimilado al contratista), propone demostrar, la existencia de unos derechos sucesorios, a favor de ciertas personas, que ignoraban completamente su carácter de herederos. Estas rechazaron desde luego los servicios, pero haciendo por sí mismas las investigaciones necesarias, al fin entraron en posesión de la herencia. El genealogista entonces, reclama una indemnización, para reembolsarse de los gastos, y además la remuneración de los servicios prestados. El Tribunal de la Rochelle, le concedió 5.000 francos, por ambos conceptos, fundándose en la teoría del enriquecimiento sin causa, al aprovecharse del servicio patrimonial que dicho actor prestó a los he- rederos. Ignorando sus derechos, jamás hubieran efectuado las investigaciones necesarias, para entrar en posesión del caudal hereditario, que ya estaba en poder de unos herederos aparentes. La Corte de Poitiers confirma esta decisión, completando sus fundamentos. El simple hecho, dice, de que el genealogista despliegue una actividad, en provecho de los herederos, sin que hubiese un contrato de arrendamiento de obra, le permite reclamar la remuneración, cuando su aviso fue realmente utilizado, "no importa por qué título". La aplicación de los principios del enriquecimiento injusto en este caso, parece bastante correcta. Empobrecimiento del patrimonio del demandante, en beneficio del enriquecimiento del patrimonio del demandado, la *actio de in rem verso*, es absolutamente subsidiaría, en defecto de convención, u obligación contractual. El acto de rechazar los servicios propuestos, no constituye falta delictual.

99. Después de haber estudiado estos casos excepcionales, en los cuales los contratistas pueden obtener una indemnización, en virtud de consideraciones especiales (culpa o enriquecimiento injusto), podemos concluir este capítulo

20 Apareció en R. G., 1, 83, pág. 37. Citada por FISCHBACH: *Obra citada*, págs. 168-170.

afirmando, que todos los gastos preparatorios deben ser remunerados, cuando conciernen al ejercicio de las profesiones liberales. Así un médico que es consultado sobre la oportunidad de una operación quirúrgica, puede reclamar sus honorarios, aunque no se encargue de la operación. El Abogado, el consejero jurídico, pueden reclamar sus honorarios, por el hecho de haber estudiado los antecedentes de un asunto, que seguidamente se confía a otro compañero. El Notario que sirve de intermediario para la venta, puede también reclamar sus honorarios, aunque el contrato sea otorgado ante otro Notario, porque su intervención debe suponerse ligada a la esperanza de autorizar el acto. (Roen, 29 octubre 1913. Sirey, 1914, 2, 215.)

Si se trata por el contrario de un asunto comercial, donde predomina la especulación, la jurisprudencia rechaza en principió toda remuneración por los gastos preparatorios, salvo en las raras excepciones estudiadas. Siguiendo una lógica demasiado severa, esta solución no nos parece siempre equitativa, porque si no queremos remunerar los desembolsos derivados del espíritu de especulación y la idea de publicidad, podemos incitar a los que demandan los servicios de las empresas comerciales e industriales, a que luego no se preocupen de sus sacrificios dignos de protección e interés.

Capítulo III

De los casos que pueden presentarse en el curso de la preparación de otros contratos

100. Hemos estudiado en los dos capítulos precedentes, los casos prácticos, bastante numerosos, que se presentan en el área de los contratos que tengan el carácter de una venta, de una empresa, o de un arrendamiento de obra. Las mismas dificultades pueden surgir en el curso de la preparación de cualquier otro contrato. En este capítulo examinaremos algunos ejemplos, de los casos que pueden presentarse frecuentemente.

1 – De las relaciones comerciales en general.

101. Se llega con frecuencia, a que dos personas, se encuentren en relaciones comerciales, por ejemplo, dos casas de comercio, que trabajan juntas, una casa de comercio, que vende los productos de una empresa industrial, en el mercado, relacionándose ambas conforme a las reglas de la comisión, del corretaje, la correspondencia, etc. Estas relaciones comerciales, tienen una duración variable. Pueden finalizar en cualquier fecha, como un contrato de trabajo de duración indeterminada, si bien las partes pueden fijar también la duración de sus negocios por uno o varios años. Admitiendo que las partes tengan derecho a romper sus relaciones comerciales (prácticamente esto se manifiesta por el acto de pasar los pedidos a otra casa, o de vender los productos a una empresa concurrente), se presenta la cuestión relativa a determinar, quién debe sufragar los gastos y desembolsos efectuados, en la esperanza de que las relaciones habían de seguir, puesto que nada hacía prever lo contrario. Esta es una cuestión delicada, que se ofrece en la práctica bajo aspectos diferentes. Creyendo en la continuidad de las relaciones, una de las partes se obliga, comprometiendo capitales, para la constitución de *stocks* considerables, para alquilar locales por determinado tiempo, o para una campaña de publicidad, todo ello en la esperanza, de continuar el negocio contractual indeterminado, lo que equivale a la preparación de nuevos contratos, ya que cada acto de estas relaciones, puede ser considerado como un contrato diferente.

102.º Sobre una hipótesis especial de gastos de publicidad, existe una decisión de la Corte de París de 13 de febrero de 1883 *(Gaz. Pal.,* 1882-1883, 2.ª parte, 2-414), cuya doctrina podrá generalizarse.

Las fábricas de máquinas de coser Weeler y Wilson, concedieron el monopolio para la venta en Francia, a la casa Seeling, continuando las relaciones comerciales con su viuda, después, señora Vigneron. En razón a este monopolio, la demandante hizo gastos considerables de publicidad, instalando además varias sucursales. Con ocasión de la exposición de París de 1878, donde las máquinas obtuvieron un gran premio, los demandados reconocieron el monopolio. Por consecuencia de este acto, Vigneron aumentó aún sus gastos e hizo nueva campaña de publicidad. Después, bruscamente los demandados cesan en sus relaciones comerciales con la actora, le retiran el monopolio de venta, instalan una casa propia para la expendición de las máquinas, y de este modo se aprovechan de la publicidad ya efectuada. La demandante pedía una indemnización de doscientos mil francos.

El Tribunal de Comercio del Sena, desestima la demanda, porque las partes gozaban de entera libertad comercial, y usando de esta libertad, los demandados sólo habían ejercitado un derecho. La Corte de París, por el contrario, reforma esta decisión, concediendo a la demandante, una pequeña indemnización, por valor de diez mil francos. La Corte de París, ve en esta ruptura de relaciones comerciales, sin motivo justificado, un acto perjudicial, cometido mediante culpa o negligencia. De hecho, la demandante pudo considerarse de buena fe, como titular del derecho al monopolio de venta, y al privarle del mismo, aprovechándose de la propaganda, se dibuja un enriquecimiento injusto para los demandados. En este caso, las circunstancias ponían de relieve, la necesidad de aplicar la responsabilidad por culpa, aumentada con el enriquecimiento injusto. La decisión habla del enriquecimiento injusto, pero la acción principal fue ejercitada sin embargo sobre la base de una responsabilidad delictual. En casos semejantes, cuando falte la culpa o negligencia, no creemos que pueda prosperar la acción, sobre una base delictual. Será posible obtener indemnización, mediante la *actio de in rem verso*, si del empobrecimiento de un patrimonio, resulta el enriquecimiento de otro; pero es preciso que dicho enriquecimiento, se derive de las relaciones comerciales, del monopolio de venta, durante el cual se hizo una publicidad, de la que se aprovecha el demandado, a pesar de haberse efectuado a costa del demandante. Creemos, que, en toda ruptura de relaciones comerciales, causando un daño, singularmente cuando se deriva de gastos de preparación, es posible aplicar la noción del abuso del derecho, si las circunstancias lo permiten. Cualquiera de las partes, que conserva su libertad comercial completa, comete abuso de derecho, al romper las relaciones económicas, en el momento preciso, de que la otra parte, podía creer de buena fe, en su continuación, por lo que realizó gastos para preparar la ejecución de futuros negocios. En este sentido, observaremos una jurisprudencia análoga, relativa al contrato de trabajo, cuando su duración es indeterminada; sobre todo, estiman los Tribunales, que se abusa del derecho, cuando se despide al obrero, después de haberle prometido trabajo por largo tiempo. (En este sentido, Casación de París, 1 agosto 1900 en Sirey, 1901, 1, 220, nota de Wahl, y Cas., París, 18 mayo 1909, en Sirey, 1909, 1, 428.)

2 – DEL CONTRATO DE ARRENDAMIENTO.

103.° El contrato de arrendamiento, puede dar lugar también a dificultades, desde el punto de vista relativo, a los gastos preparatorios.

En primer lugar, es posible, que a consecuencia de un anunció, las personas interesadas, hayan efectuado un viaje costoso, con objeto de examinar el local ofrecido, y que a la llegada se encuentran alquilado. Ya hemos estudiado un caso análogo, en materia de venta (Dalloz, 1905, 2, 57), donde se decidió, que incurre en culpa o negligencia, quien no advierte al público, mediante los mismos elementos de publicidad, que ya son innecesarios, todos los gastos preparatorios. En materia de arrendamiento, es más difícil exigir, de la persona que, valiéndose de los periódicos, hace saber que posee un local para alquilar, que vuelva a anunciar, cuando ya está alquilado. La falta, culpa o negligencia, debe ser más grave, como por ejemplo ocurriría, si se hubiese hecho una extraordinaria publicidad. Es preciso, por tanto, tener en cuenta, las circunstancias especiales de cada caso, para determinar, si hubo falta, cuando no se advierte al público, el alquiler ya efectuado. No podrá declararse que hay falta culpable, en el dueño de un hotel, que realiza activas campañas de publicidad, si en un momento dado, no puede ofrecer habitación alguna, porque este hecho es muy frecuente en los hoteles. Si el viajero se ve solicitado por un agente del hotel, a su llegada a la estación, ya debe suponer, que con exactitud encontrará habitación. Podrá pues en este caso, reclamar una indemnización, por la pérdida de tiempo, o por cualquier otro daño que sufra, si al llegar a la fonda se encuentra sin alojamiento[21].

104.° Otra dificultad suele presentarse en el curso de la preparación de un contrato de arrendamiento, y es la siguiente: Hallándose en conversaciones preliminares, con persona que da toda clase de garantías, sobre su solvencia y probidad, el propietario de un inmueble, o de una villa, sufre ciertas pérdidas. Puede despedir al arrendatario actual, o hacer instalaciones costosas, para satisfacer los deseos de su futuro arrendatario. El contrato al fin no se otorga. Este es un caso muy delicado. Por el despido del arrendatario actual, sufre ciertamente una pérdida, mas no ocurre lo mismo con las instalaciones, que producen un beneficio en la finca, aunque sí pueden implicar una pérdida momentánea, por haber utilizado todas las disponibilidades. Para triunfar en una acción de daños y perjuicios, el propietario debe probar, en nuestra opinión, la falta cometida por la persona que sostenía las conversaciones preliminares, ya que no es suficiente el simple trato preparatorio del arrendamiento, para determinar la responsabilidad, de los gastos inútiles, según declara la jurisprudencia. Es posible fundar la responsabilidad, en la convención tácita, cuando exista, sobre los desembolsos preliminares que deben efectuarse.

3— OPERACIONES DE CRÉDITO.

105.° Los contratos usuales en las operaciones financieras, suelen también dar lugar a dificultades análogas. Para poder prestar cierta cantidad a determinada persona, el banquero está obligado a procurarse dinero, quizás pagando intereses y haciendo viajes inútiles, si al fin la operación no se realiza por causas diferentes, cuáles pueden ser, que la persona que se dirigió al banquero, ya no necesite el dinero, que desista de sus planes, encuentre

21 DEMOGUE: *Obligaiions.* II, pág. 155.

otro banquero que ofrezca mejores condiciones, o finalmente, que no pueda obtener la autorización necesaria que esperaba. Creemos que, en todas estas hipótesis, la jurisprudencia no concederá indemnización, a no ser que se demuestre la concurrencia de culpa o negligencia, o exista alguna convención tácita entre las partes. La falta debe apreciarse de una manera equitativa. Se ha de considerar como falta, el acto de dejar al banquero, que haga sus peticiones de fondos, después de estar seguro, el futuro prestatario, de que no necesita el préstamo. Por la negativa a otorgar la necesaria autorización administrativa, no se incurre en responsabilidad (Consejo de Estado francés, 2 diciembre 1884. Dalloz, 1886, 3, 84, y 28 marzo 1887. Dalloz, 1888, 5, 159), a menos que exista una falta especial (Consejo de Estado francés, 29 junio 1870. Dalloz, 1872, 3, 4), consistente por lo general, en no advertir de la necesidad de obtener dicha autorización. Se trataba de un Municipio, que entró en conversaciones preliminares para obtener un empréstito de un millón, con objeto de efectuar ciertas obras públicas, haciendo creer al banquero, que no precisaba autorización alaguna superior, a pesar de que la ley disponía lo contrario, por lo que se produjeron cuantiosos gastos inútiles.

106° Se puede entrar en conversaciones con un banquero, a propósito de operación, que implique el depósito de efectos. El banquero, cree entender, que su cliente piensa confiarle un elevado depósito, y para responder a esta confianza se asegura contra todos los riesgos posibles. Para que su cliente le encuentre perfectamente preparado, celebra un contrato de seguro, pagando fuerte prima, a pesar de lo cual el esperado depósito no se constituye.

Puede ocurrir también, que, a consecuencia del anuncio en los periódicos, hablando de préstamos ventajosos, se desplacen algunas personas, realizando viajes largos. En todas estas hipótesis, para triunfar, ejercitando una acción de daños y perjuicios, es preciso probar, la existencia de culpa o negligencia. El mero acto de entrar en conversaciones preliminares, parece insuficiente, para que los Tribunales, impongan la obligación, de sufragar los gastos inútiles, derivados de la oferta para contratar, que ha sido retirada.

4 — EL CONTRATO DE TRABAJO.

107.° El contrato de trabajo, puede dar lugar a varias dificultades, singularmente, cuando existen anuncios. Se ofrece trabajo en los periódicos, y cuando tina persona confiada en el anuncio, llega al lugar indicado, comprueba que el trabajo no existe. Hemos encontrado una sentencia interesante, del Tribunal de Trabajo de Lyón, dictada en 3 de octubre de 1905. *(La Loi,* 25 octubre 1905.) Un patrono, hace insertar en diferentes periódicos, una demanda de obreros, a consecuencia de cierta huelga ocurrida en sus talleres, pero en los anuncios, se omitió consignar esta circunstancia. Entonces un trabajador de Saint-Étienne se dirige a Lyón, y al llegar a la fábrica se encuentra con la actitud hostil de los otros obreros de la misma, en vista de lo cual, decide por solidaridad, no aceptar el trabajo. Después reclamó el reembolso de los gastos inútiles derivados del anuncio. El Tribunal de Trabajo (Conseil de Prudhomme) condenó al patrono a reembolsar el importe del viaje, porque mediante su silencio, sobre las verdaderas condiciones del trabajo, había inducido a error. Esta sentencia es muy interesante, por la extensión bastante amplia, que en ella se da, a la noción de culpa.

Como vemos, es la culpa, la única base sólida, para ejercitar la acción de daños y perjuicios, ante los Tribunales franceses, cuando se trata de la preparación de un contrato.

5 – LA PREPARACIÓN DE UN CONTRATO DE SOCIEDAD.

108.° El contrato de sociedad, durante el período preliminar, ocasiona frecuentemente gastos, trabajos y viajes. Sobre todo, cuando se trata de la fundación de una gran sociedad por acciones, los promotores de esta empresa, deben efectuar gastos considerables; es posible que no prosperen en sus gestiones, que la sociedad no llegue a constituirse por falta de suscriptores, o por otras causas, ¿quién sufraga los gastos?

109.° El caso es muy sencillo, cuando se trata de la creación de una sociedad de personas. Hay entonces varios individuos que desean constituir una sociedad, que trabajan en esta dirección, y que no triunfan al fin. Entre estas personas, se resuelve el problema, según la naturaleza más o menos precisa de sus relaciones. Cuando resulta de sus conversaciones preliminares, que están de acuerdo, para constituir la sociedad, podemos aplicar, el principio contenido en el artículo 1. 853 del Código francés, en virtud del cual, cada asociado queda obligado a sufragar las pérdidas sociales. En efecto, como las personas estaban de acuerdo, no hay inconveniente, en aplicar este artículo, que rige la situación análoga, del contrato de sociedad. La Corte de París, por decisión de 10 de Julio de 1895 *(Gaz. Pal.,* tabla 1892- 1897. Société n.° 8), declaró, que, en este caso, las personas que han tenido gastos, para la constitución de la sociedad, deben partirlos entre sí, señalando sus respectivas cuotas.

Desde luego, el caso es distinto, del que puede presentarse, cuando una persona, con el fin de crear cierta sociedad, hace gastos, investigaciones y viajes, a consecuencia de las conversaciones preliminares, con otra, que se interesa por el negocio. Entonces, caeremos de nuevo, dentro del cuadro, de la responsabilidad precontractual ordinaria, en cuyo caso sabemos, que la jurisprudencia exige, que se pruebe la culpa o negligencia. Aquí la falta puede consistir, en el hecho de no evitar los gastos, desde el momento, en que se toma la decisión, de abstenerse de entrar en la sociedad.

110.° Cuando se trata de preparar una sociedad por acciones , el problema se complica, porque al lado de los fundadores, están también los suscriptores, que ya han pagado su cuota por adelantado. La cuestión que entonces se presenta, es si los subscriptores , que desearon obtener una ganancia, de la sociedad, después de constituida, deben participar también, de las pérdidas derivadas de los gastos y desembolsos efectuados en el período constituyente. La solución a este problema, depende del concepto que se tenga, sobre la naturaleza de las relaciones entre los suscriptores y los fundadores.

111.° En opinión de algunos mercantilistas, y singularmente de Vivante, los fundadores actúan, en calidad de mandatarios o gerentes, de los negocios de los futuros accionistas[22]. En su interés, efectúan todos los trabajos preparatorios. Es pues justo, que dejen a su cargo los gastos, conforme a los principios del derecho común, relativos al mandato, o a la gestión de negocios ajenos. El mandatario, a quien nada hay que reprochar en su gestión, puede reclamar el reembolso de todos los gastos, aunque no tenga éxito en el cumplimiento de su misión (artículo 1.999, Código francés). También puede pedir el reembolso de los gastos, el gerente de negocios ajenos, si los actos de su gestión, se amoldaron a las circunstancias del momento. En consecuencia, los suscriptores, deben pagar a los fundadores, los gastos preparatorios, siempre que no se demuestre, que incurrieron éstos, en culpa o negligencia. Prácticamente, los suscriptores que ya han pagado, parte del importe total de su cuota, han dejado una suma, más o menos considerable, depositada en una banca, a disposición de los fundadores. Este dinero será suficiente, para cubrir íntegra o parcialmente los gastos preparatorios, según las circunstancias.

112° La mayoría de la doctrina francesa, a excepción de Thaller, deduce de la jurisprudencia, poco abundante en esta materia, conclusiones contrarias, y distintas de la expuesta. Lescot, resume en su tesis la doctrina, declarándose al propio tiempo, partidario de ella[23]. Se considera, dice, que los promotores de una sociedad, cuando, redactan los estatutos y solicitan adhesiones, ejecutan un negocio propio, y no un asunto ajeno, de tal modo que siempre quedan en libertad de manifestar ante Notario su deseo de no continuar el proyecto. En consecuencia, sólo ellos deben asumir los riesgos de su iniciativa. Poco importa que la sociedad deje de nacer por un riesgo extraño, en todo caso los gastos deben quedar a su cargo. El autor cita en este sentido, una sentencia de la Corte de Casación de París de 11 de junio de 1887 (*Revue des sociétés,* 1887, pág. 20), y la opinión de la mayor parte de los mercantilistas franceses.

Otra solución procede, si los suscriptores al contratar, se obligan a participar de los gastos preliminares, más en ausencia de una cláusula formal sobre este punto, no ha lugar, según Lescot, a interpretar la voluntad de las partes.

H. Houpin y Bosvieux, en su *Tratado de las Sociedades,* defienden la misma opinión. Consideran, que la sociedad no existe, hasta su constitución definitiva[24]. Mientras no se cumplan las formalidades requeridas por la ley, para la constitución de las sociedades por acciones, la sociedad debe considerarse desprovista de existencia legal, no sólo frente a terceros, sino también respecto de las relaciones entre los fundadores y los suscriptores. Las convenciones y contratos, concluidos por los fundadores, sea entre ellos, sea con terceras personas, no son oponibles a la sociedad, y obligan tan sólo, a los que en los mismos fueron parte, a no ser que exista una convención,

---

22 VIVANTE: *Obra cit.* I, núm. 425, y también BOLCHINI, en *Rivista di Diritto commerciale.* 1903, I, pág. 436. En Francia, esta opinión fue defendida por THALLER-PERCERON: *Obra cit.* I, núms. 500 a 505.

23 LESCOT (P.): *Essai sur le periode constitutive des personnes morales de Droit privé.* Dijon, 1913, pág. 160.

Véase también PERCERON (J.): *Des fondateurs de société anonyme.* Dijon, 1896, pág. 35, y GOIFFON: *De la condition de la Société par actions pendant le periode constitutive.* París, 1898, pág. 167.

24 HOUPIN y BOSVIEUX: *Traité général des Sociétés.* Sexta edición. París, 1927, Sirey. I, núm. 611.

donde se establezca lo contrario. La pérdida del fondo social, antes de la constitución de la sociedad, debe ser soportada, por los fundadores, y no por la sociedad en vías de formación. La sociedad aún no existe, los fundadores obran evidentemente a riesgo y ventura, ya que no pueden ser considerados, como gerentes o mandatarios, de una entidad inexistente. Sobre todo, en la mayor parte de los casos, fundarán, o intentarán fundar la sociedad, movidos por su exclusivo interés personal.

113.° En nuestra opinión, este último punto de vista parece el mejor. Los fundadores, que del fondo social obtienen los mayores beneficios, una vez constituida la sociedad, deben correr con los gastos inherentes a su preparación. Estos, constituyen un riesgo de la especulación, que no puede recaer en la masa anónima de suscriptores, alentados por la promesa de grandes beneficios. Si a pesar de sus esfuerzos, los fundadores no triunfan, hay una mala especulación y una pérdida, pero deben restituir las cantidades ya pagadas por los suscriptores.

El solo problema, pues, que se presenta, se refiere a la forma de partir los gastos entre los fundadores. Si no hay convención sobre este punto, creemos equitativo, generalizar la solución de la Corte de París, en 1 de Julio de 1895 *(Gaz. Pal.,* tabla, 1892-1897. Société, en. 8), y distribuir la carga de los desembolsos preliminares, entre todos los fundadores. A veces éstos prevén las dificultades. Conociendo los riesgos de la constitución de una sociedad anónima, y sus dificultades financieras y fiscales, dichos fundadores, forman una asociación oculta, o una sociedad de estudios, a quien incumbe la carga de la fundación de la sociedad definitiva. Cada fundador, participa en esta sociedad de estudios, con una cuota, y los gastos de fundación se sufragan en la forma prevista por adelantado en el contrato, o según se deduzca de la interpretación de los pactos existentes.

Título II

Los accidentes que pueden tener lugar durante la preparación de un contrato.

114.° En los primeros capítulos de este trabajo, hemos visto, que, en la preparación de los contratos, pueden ocurrir también accidentes, cuyas, víctimas, son las partes, o terceras personas. Estos accidentes, ocasionan daños, cuya reparación ordenan las leyes. Para el objeto de nuestro estudio, interesa saber, cuál de los futuros contratantes, es quien debe soportar la carga de la reparación. ¿Si la víctima es uno de los interesados, deberá ella soportar la reparación? Si la víctima es un tercero, ¿cuál de las partes debe ser obligada finalmente a cargar con la indemnización? ¿Esta responsabilidad, en virtud de qué reglas se establecerá? Véanse las cuestiones que más frecuentemente se presentan, durante los actos preparatorios de los contratos. Si observamos las enseñanzas de la jurisprudencia, veremos, que la mayor parte de las dudas ocurren con motivo de un transporte cualquiera.

Para estudiar más fácilmente estas cuestiones, dividiremos la materia en dos capítulos: en el primero, trataremos de los accidentes ocurridos durante el transporte, que tiene por objeto, preparar el contrato, y en el segundo, de los demás accidentes de naturaleza diversa.

Capítulo primero

De los accidentes que tienen lugar durante los transportes preparatorios del contrato

115.° En la preparación de un contrato, puede ser necesario, efectuar diversos transportes, generalmente muy cortos, durante los cuales, es posible que ocurran accidentes. El transporte a que nos referimos, puede efectuarse, para ensayar un animal, cuya venta se pretende, o para probar el funcionamiento de un vehículo, sobre todo de un coche automóvil. Los ensayos son de naturaleza diversa, unas veces, se trata de coches, confiados a un corredor, para que los conduzca en cierta carrera, otras veces, de cambiar al *chauffeur*, etc. También el transporte puede tener un objeto diferente, relacionado con el contrato, como por ejemplo ocurre, si el vendedor de un castillo, hace que su coche espere en la estación, a un futuro comprador eventual.

Lo más corriente es que se trate de un transporte que tenga por objeto la venta directa de la cosa ensayada, (caballo, coche, etc.).

Seccion primera

Accidente causado en el curso del ensayo de un animal

116.° Cuando se trata de un animal, la solución en Derecho francés, parece dominada, por el artículo 1. 385 del Código de Napoleón, donde se establece, que "el propietario de un animal, o el que se sirve del mismo, durante su uso, es responsable del daño que dicho animal cause, sea estando bajo su guarda, sea que se le haya escapado". La aplicación práctica de este principio legal puede implicar ciertas dificultades como luego veremos.

La Cámara civil de la Corte de Casación de París, en la conocida sentencia de 9 de marzo de 1892, (Sirey, 1894, 1, 239), se ocupó de un caso relacionado, con el ensayo de un animal, dispuesto para la venta.

El futuro comprador, ensayaba un caballo del futuro vendedor, conduciéndole por las bridas. El caballo estaba enganchado en un coche, ocupado por el futuro comprador y por un criado del futuro vendedor. El animal se encabritó, y tiró al suelo a los dos viajeros, quienes resultaron heridos, y el caballo, también herido, pero de gravedad. La cuestión relativa a la responsabilidad, se presentó ante la Corte de Casación, con objeto de determinar, quién debía sufrir las pérdidas sobrevenidas a las personas, y al caballo, puesto que el contrato aún no se había otorgado. La Corte de Casación, decide, ante todo, la cuestión referente, a quién era el encargado del animal durante el ensayo. Esta es una cuestión de hecho, que depende de la interpretación de los pactos, y de las circunstancias del caso (artículos 1. 134 y 1. 156 Código francés). En el pleito discutido, era el futuro comprador, quien tenía a su cargo el caballo, porque el criado del vendedor, sólo se agregó para acompañarle. Recibió el caballo en buen estado, y está obligado a devolverlo a su propietario, en las mismas condiciones, a menos que otras circunstancias, exoneren su responsabilidad (artículos 1. 245 y 1. 302 Código francés).

Lo que más interesa en esta sentencia, es el hecho, de que el futuro comprador, sea solamente declarado responsable, en virtud de un acuerdo tácito, entre las partes, poniendo al animal, bajo la guarda y custodia de dicho comprador. Esta sentencia, como las demás que interpretan el artículo 1. 385 del Código francés, dan al precepto legal, un sentido conforme con la lógica estricta, estableciendo que la responsabilidad derivada del mismo, es alternativa y no acumulativa[1]. La responsabilidad pesa, sea sobre el propietario del animal, sea sobre otra persona (aquí el comprador futuro del caballo), pero no sobre las dos a un mismo tiempo, a no ser que se haya probado, la existencia de culpa o negligencia. La interpretación común y corriente, de la responsabilidad que establece, el artículo 1. 385 del Código francés, parece que es la siguiente: Se presume, que el dueño utiliza y se sirve, de sus propios animales, por cuya razón, sobre él pesa la responsabilidad, a no ser que se demuestre, que otra persona asumía en el momento del accidente, la guarda de los expresados animales.

117.° Como hemos visto, en nuestra sentencia, la Corte de Casación, se fija sobre todo en la noción de guarda y vigilancia; éste, que parece ser el principio generalmente admitido por la jurisprudencia, al interpretar el artículo 1.385 del Código francés, de una manera lógica, más bien que económica, no tiene en cuenta, el beneficio obtenido mediante el uso del animal. Según dicho sistema, el futuro comprador, que tiene la vigilancia momentánea del animal que ensaya, y por tanto su guarda, es quien debe soportar todas las consecuencias que se deriven de aplicar el artículo 1. 385 del Código francés; pero si miramos, el aspecto del beneficio económico, comprobaremos, que el propietario, en el caso examinado, obtiene un cierto provecho del animal, porque si es verdad que el futuro-comprador hace el ensayo en su interés personal, no es menos cierto, que el propietario también ostenta, un gran interés, en la venta del caballo. Si hubieran de tenerse en cuenta estas circunstancias, habría que repartir la responsabilidad entre las dos partes interesadas, en las conversaciones preliminares del contrato.

118.° La jurisprudencia francesa[2] se atiene, sin embargo, en su interpretación, a una cómoda noción de la vigilancia. Se presume que se sirve del animal, quien lo tiene en el momento del accidente, que es también quien se presume que acepta su vigilancia. Así en un asunto análogo, la Corte de París, por sentencia de 8 de Julio de 1913 (Sirey, 1915, 2, 4, y Dalloz, 1914, 2, 206), afirma

1 DEMOGUE: *Obligations*, V, núm. 1. 000. DEMOLOMBE, XXXI, número 639 bis. LAURENT, XX, núm. 627. BAUDRY y BARDE: *Obra cit.* Tomo IV, núm. 2. 942. AUBRY y RAU: *Obra cit.* Cuarta edición. IV, página 771.

2 Véase a título de comparación Casación belga, 16 de octubre de 1902 (Sirey, 1906, 2, 25, con nota importante de Wahl).

el mismo principio. Se trataba de un aficionado que montaba en una carrera, el caballo de cierto propietario. Dicho aficionado se hirió, e intentó una acción contra el propietario del caballo, al amparo del artículo 1. 385 del Código francés. La Corte de París estableció, que el guardián, es quien se sirve del caballo, durante la carrera, sin que nada importe, que el propietario esté interesado en la misma, puesto que podía obtener los premios asignados a los dueños de los caballos ganadores, porque, ante todo, está el interés del aficionado, que, mediante la carrera, piensa darse a conocer. Es esta una manera algo rígida de comprender la responsabilidad establecida en el artículo 1. 385 del Código francés. Podría decirse, como hacen los Tribunales cuando se trata de accidentes deportivos, que existe una convención tácita, de no responsabilidad, entre el jinete y el propietario del caballo.

119.° Demogue cree, que el jinete y el propietario, obtienen ambos un beneficio, mediante el uso del caballo[3], y que, por tanto, deben partir la responsabilidad del accidente, causado por el animal a un tercero. La misma solución podría darse, cuando se trate del ensayo realizado durante la preparación de un contrato.

La Corte de Montreal en una sentencia reciente, de 23 de octubre de 1928 (*Rapports judiciaires Quebec*, LXVII, pág. 53, y *Revue tri*, 1929, pág. 504), aplica esta responsabilidad, teniendo en cuenta los elementos económicos del uso, más bien que la noción, demasiado estrecha de la guarda momentánea. (Los artículos 1. 054 y 1. 055 del Código de Quebec corresponden exactamente a los artículos 1. 384 y 1. 385 del Código francés.) El propietario de un caballo, lo confía con su atalaje completo, a un adquirente eventual, para que haga un ensayo. Durante el mismo, se produce el accidente. La dirección del caballo, la tenía un criado del propietario, a las órdenes del futuro adquirente. En contra de la jurisprudencia francesa y belga, la Corte de Montreal, rechaza la responsabilidad alternativa, y aplica la responsabilidad cumulativa. Hace responsables a la vez, al futuro comprador, y al jefe del criado conductor, también interesado en el ensayo.

El principio adoptado por la jurisprudencia francesa, es más sencillo, pero cuando se trata de ensayos efectuados en vista de la preparación de un contrato, resulta demasiado desfavorable, para el adquirente eventual, que puede ignorar los vicios y hábitos del animal.

SECCION SEGUNDA

ACCIDENTE DE UN COCHE AUTOMÓVIL

120.° La cuestión referente a la responsabilidad por los accidentes, resulta aún más interesante, si pensamos en los ensayos de coches automóviles en venta. Para vender su coche, el propietario, la casa comercial, o la fábrica, deben efectuar un viaje de ensayo, con su futuro comprador. El comprador eventual, puede conducir el mismo, o bien es el propietario o un dependiente suyo, quien conduce, el vehículo. Si ocurre un accidente, es indiferente que sea el futuro comprador el conductor, y que hiera a un tercero, o que sea el

3 DEMOGUE: *Obligations*. V, núm. 1. 011.

chauffeur, quien, conduciendo, hiera al futuro comprador. ¿Cuál de las dos partes debe soportar la carga de la responsabilidad?

1 — LA VÍCTIMA DEL ACCIDENTE ES UN TERCERO (VENTA PROYECTADA).

121.° Examinaremos el caso más sencillo, el adquirente eventual, que tiene un permiso para conducir, hace ensayos completamente solo, y causa un accidente a un tercero. No parece dudoso, que sólo sobre dicho adquirente futuro, debe recaer toda la responsabilidad, conforme a los artículos 1. 382 y 1. 384 del Código francés. El propietario del coche ha tomado todas las precauciones necesarias, exigiendo la presentación del título de conductor. Esta solución, en la práctica, resulta análoga, a la que se deriva, de la jurisprudencia, relativa al ensayo de un caballo, según la Cámara civil, en sentencia de 9 de marzo de 1892 (Sirey, 1894, 1, 239). Quizás esté aún mejor fundada.

122.° La solución será más difícil, si el propietario, entregó su automóvil, al futuro adquirente, sin exigirle, la presentación del título de conductor. En este caso, habrá una falta de su parte, cuya circunstancia, le obligará, a participar en la responsabilidad derivada del accidente. Cuando el daño sea sufrido, sólo por el futuro comprador, podrá exonerarse de responsabilidad, el propietario, en razón a que, según las circunstancias, es fácil que dicho adquirente, haya aceptado tácitamente, todos los riesgos. Sobre esta materia, existe una decisión reciente del Tribunal de Rhône, dada en 3 de mayo de 1929 (Dalloz, Heb., 1929, pág. 390). Un ensayo de automóvil, en vista de su venta. El *chauffeur* del propietario, que conducía el coche, abandona la dirección momentáneamente, en manos del futuro comprador, en cuyo momento, sobreviene el accidente. El juzgador encuentra, que el *chauffeur,* ha cometido una imprudencia grave, dejando la conducción, a una persona, que carecía de la habilidad y prudencia necesarias, para dirigir el coche, por calles de extraordinaria circulación. También había dejado, que el vehículo marchase a una velocidad excesiva. Por estas dos razones, se condena solidariamente, a las partes (como en materia de lección de automóviles, véase Corte de Bordeaux, 20 mayo 1929. *Rec. Bordeaux,* 1921, 1, 17). Esta solución, parece muy lógica. El *chauffeur* del propietario, no tiene autoridad sobre el futuro comprador, para prohibirle que conduzca, pero al menos debe vigilar sus actos, para impedir un exceso de velocidad. El amo del *chauffeur,* es pues responsable, en parte, por los actos del adquirente eventual, quien conserva a su cargo, otra parte de la misma responsabilidad.

123.° En una hipótesis análoga, la Cámara de los Requerimientos (Chambre des Requêtes), dio solución diferente, dejando caer toda la responsabilidad, sobre el propietario, y esto por razones profesionales. En decisión de 15 de diciembre de 1930 (Sirey, 1931, 1, 67, *Gaz. Pal,* 1931, 1, 197), declara, que cuando el coche ensayado, se encuentra en el momento del accidente, bajo la dirección del adquirente eventual, pero ocupando un lugar del vehículo, un agente del vendedor, este último, es quien tiene a su cargo, la guarda del referido coche, en razón a su experiencia profesional; circunstancia, que precisamente determinó a sus patronos, para colocarle al lado del presunto comprador, con objeto de aconsejarle, y para asegurar la normal circulación. Este caso, es idéntico al primero, en cuanto a los hechos; pero cuando se trata de una casa comercial, que tiene agentes profesionales para la venta, la vigilancia del vehículo, siempre está a cargo de ellos, sin que sea preciso examinar, si el comprador, posee o no permiso para conducir.

124.° Un caso idéntico se presentó ante la Corte Superior de. Joliette (Canadá) el 7 de abril de 1931 (*Rapp. jud. Quebec,* LXIX, pág. 168, *Revue tri.,* 1931, pág. 3, 99). Pero esta vez, el futuro comprador, no poseía permiso para conducir. Por dicha causa, el Tribunal declaró, que el agente del vendedor, había cometido una falta, excediéndose en el ejercicio de sus funciones, al abandonar el volante, al comprador. De esta falta, debía responder la compañía vendedora, que utilizó los servicios del indicado agente.

En consecuencia, siempre que, para ensayar un coche, en vista de su venta, el ensayo se haga en común, es decir, por el adquirente eventual, y el propietario en persona, o por medio de un agente, la responsabilidad derivada de los accidentes, incumbe, total o parcialmente, al propietario del vehículo, según los términos del artículo 1. 387 del Código francés. Esta responsabilidad, ya no ofrece ninguna duda, después de la sentencia pronunciada por las Cámaras Reunidas, en el asunto Jandheur (13 de febrero de 1930. Dalloz, 1930, 1, 57, nota de Ripert).

125.° Queda una última hipótesis que examinar. El vendedor envía su automóvil al comprador eventual, para que haga el ensayo. Durante la carrera, el coche conducido por un dependiente del vendedor, causa un accidente. En este caso, el indicado vendedor, propietario del coche, es responsable, aunque haya sido enviado mediante petición expresa del presunto adquiriente. Sobre esta hipótesis, hay una decisión curiosa, en la cual, no fue declarada la responsabilidad del propietario, en virtud de lo dispuesto en el artículo 1. 384 del Código francés. La Sala de lo Criminal de la Corte de Casación de París, en 9 de enero de 1931 (*Gaz. Pal.,* 1931, primer sem., 274), decidió sobre el caso siguiente: El propietario de un coche, pretendió venderlo, valiéndose de un inspector de la Casa Renault. Cuando el vehículo se dirigía al domicilio del eventual comprador, conducido por el inspector, con el fin de efectuar las pruebas, ocurrió un accidente. La sentencia declara, que, en tal caso, el inspector no puede conceptuarse, como dependiente del propietario, por cuya razón, a este no alcanza la responsabilidad que establece el artículo 1. 384 del Código francés. En nuestra opinión, esta decisión se ampara más en la idea de autoridad, que en la idea del beneficio económico. No parece muy acertado, exonerar completamente de responsabilidad, al propietario interesado en la venta, mientras se carga dicha responsabilidad, en el intelediario de la operación.

Examinaremos en seguida, el caso de que la víctima del accidente, ocupe un lugar en el vehículo, con el dueño del coche o su delegado.

2. — UNA DE LAS PARTES ES VÍCTIMA DEL ACCIDENTE (ENSAYO POR VENTA).

126.° A primera vista, parece que sería fácil generalizar el principio que se deduce, de la jurisprudencia examinada, en virtud del cual, el propietario del vehículo, es responsable del accidente. Esta no es sin embargo la opinión de la jurisprudencia, para el caso que estudiamos. La Sala civil de la Corte de

Casación de París, en 7 de enero de 1929 (Sirey, 1929, 1, 249, *Gaz. Pal.*, 1929, 1, 276), dictó una importante resolución, sobre el problema. El adquirente eventual, ejercitó una acción de responsabilidad, al amparo de los artículos 1. 382 y 1. 384 del Código francés. Su recurso contra una sentencia de la Corte de Rennes de 15 de diciembre de 1926 fue rechazado por los motivos siguientes: La presunción establecida en el primer párrafo del artículo 1. 384 del Código francés, contra el guarda de una cosa mueble inanimada, sometida a su custodia, cuando produce un daño a otro, no puede ser invocada, contra el conductor de un automóvil, por quienes ocupan un lugar en el vehículo, bien en virtud de un contrato, o bien por consecuencia de un acto de tolerancia benévola. Los primeros, encuentran su protección, en las obligaciones impuestas al porteador, según las condiciones expresas o implícitas, del contrato de transporte. En cuanto a los que han aceptado, o solicitado, participar a título gratuito, del uso del coche, con pleno conocimiento de los peligros, a que se exponían, sólo pueden obtener indemnización, demostrando que existe culpa o negligencia, imputable al conductor del automóvil, según los términos del artículo 1. 382 del Código francés. En el caso resuelto, el comprador eventual, aceptando el ensayo del coche, no debe ignorar, los daños a que se expone, y los riesgos a que se somete, en su interés, por cuya razón, tampoco puede reclamar indemnización, sin probar que existe culpa o negligencia, por parte del dueño del automóvil o de su dependiente.

Cuando en un transporte, que se efectúa con el fin, de llegar a la venta del vehículo, se produce un accidente, pueden darse dos soluciones. Si la víctima es un tercero, a quien protege el artículo 1. 384 del Código francés, el futuro comprador, generalmente nada tendrá que pagar, porque este gasto preparatorio de la venta futura, incumbe, en virtud de la responsabilidad derivada de la guarda, al propietario actual del coche, es decir al vendedor. Si la víctima de dicho accidente, es una de las partes interesadas, sólo podrá reclamar indemnización, probando la concurrencia de culpa o negligencia en el conductor (artículo 1. 382 código francés), sea el propietario del vehículo, sea el eventual adquirente.

127.° Para fundamentar su doctrina, la Corte de Casación dice, que la presunción del párrafo primero del artículo 1. 384 del Código francés, no es aplicable, más que en favor de aquellos, que se encuentran en el exterior de la cosa peligrosa, sometida a la guarda, de otra persona. El coche automóvil, no es peligroso, para los que ocupan en él una plaza. Estos, se hallan sometidos, a un régimen jurídico diferente, del aplicable, respecto de las personas, que no se hallan dentro del vehículo. Si se trata de un transporte, a título oneroso, deben aplicarse, las reglas de la responsabilidad contractual. Si es un transporte benévolo, no hay ocasión de aplicar el artículo 1. 382 del Código francés. Un ensayo para la venta, es un transporte benévolo, igual que el paseo entre amigos, y análogo al acto de cortesía, consistente, en invitar a que tome el coche, la persona que encontramos en el camino. En nuestra opinión, aquí hay cierta exageración, en el concepto del transporte benévolo. Esta noción, comprende los actos de cortesía, o de tolerancia, derivados generalmente, de las obligaciones mundanas, o de buena educación.

128.° Evidentemente, en tales casos, no pueden aplicarse las normas del contrato de transporte (V. una sentencia de Casación civil, de París, dada en

27 de marzo de 1928. Dalloz, 1928, 1, 145, con nota de Ripert), porque las partes no pretendían, ni deseaban, celebrar ningún contrato. Sin embargo, la Corte de Dijon, en 9 de octubre de 1928 (*Gaz, Pal.*, 1928, 2, 855), aplicó los principios contractuales, al transporte benévolo[4].

Tratándose de ensayar un automóvil en venta, no puede decirse, que las partes no deseen contratar. El vendedor, no invita al comprador, por pura cortesía, ya que éste es un interesado económicamente, que persigue un objeto, bien distinto, del que puede buscarse, en el transporte benévolo. Aquí es lucrativo, y dicho transporte se efectúa, para convencer a la persona, que toma asiento en el vehículo, de que le conviene adquirirlo. ¿No podrá pretenderse, que existe una cierta obligación de seguridad, a cargo del vendedor, que efectúa las pruebas? Preámbulo de una operación a título oneroso, ¿no será justo, separar este acto de los simples transportes corteses? La jurisprudencia, en materia de transportes gratuitos, deberá servimos de ejemplo. Hay transportes gratuitos, que se efectúan en virtud de permisos de circulación. Así, los empleados de ferrocarriles, y sus familias, tienen derecho a varios viajes gratuitos, por su línea, o por los caminos de otras Compañías. Si durante estos transportes, ocurre un accidente, y el empleado de ferrocarriles, pide que se le abonen los daños y perjuicios, basándose en la responsabilidad contractual de la Compañía, ésta no podrá alegar a su favor, que se trata de un simple acto de tolerancia.

La Sala de lo Civil de la Corte de Casación de París, en 22 de Febrero de 1926 (Dalloz, Heb., 1926, 194), resolvió este caso, dando la razón al empleado, y condenando a la Compañía, en virtud de la responsabilidad contractual, ya que existe un arreglo entre los ferroviarios, en virtud del cual, las diferentes Compañías, aseguran cada año, diversos viajes gratuitos para sus empleados respectivos.

La misma solución se aplica, a los permisos de publicidad, y pases de libre circulación, concedidos a ciertos periodistas, que hacen la publicidad de las Compañías, porque representan una suerte o modo de pago (V. en un caso análogo Casación París, 25 enero 1922. Sirey, 1924, 1, 161). Una sentencia interesante, de la Corte de París, de 10 de enero de 1927 *(Gaz. Trib. j* 1927, 2, 185), trata el caso, del transporte gratuito, efectuado por un periodista, en un coche de cierta casa comercial de automóviles. Aunque el itinerario dependía del periodista, para fines de publicidad, el propietario del coche fue declarado responsable, del accidente causado, por su *chauffeur.* No se estimó en esta hipótesis, que existiera transporte benévolo.

En nuestro caso, se trata igualmente, de un transporte gratuito, pero no tiene este carácter, más que aparentemente. La esperanza de ganancia del vendedor, casi siempre comerciante de automóviles, permite ver, que, en el fondo de la operación, sólo hay un transporte a título oneroso. El vendedor, se interesa mucho, por el resultado satisfactorio de la prueba, y, en consecuencia, debería cargar al menos, con una responsabilidad atenuada, cuando el comprador eventual, no hubiera podido hacer dicha prueba fácilmente de otro modo.

---

4 Véase la nota interesante de Savatier, *Req.*, 9 de junio de 1928. Dalloz, 1928, 1, 153.

129.° La Corte de Casación cree, que el futuro comprador, acepta tácitamente los riesgos, cuando toma parte en el ensayo. Admite así, una especie de convención tácita, de no responsabilidad, entre los interesados. Esta solución, no parece, que reposa, sobre la voluntad del futuro comprador, que toma parte en las pruebas del coche. Podremos, en contra de ella decir, que el vendedor, como más profesional, generalmente en la materia, garantiza de una manera tácita, a quien monta en su coche, que no le ocurrirá ningún accidente, cargando con toda la responsabilidad, salvo en los casos de exoneración, prevenidos en la ley, cual ocurre si existe fuerza mayor. Semejante presunción, además de ser muy lógica, obligaría en la práctica, a que las personas que efectúan ensayos, obren con la mayor prudencia.

La noción de responsabilidad precontractual, tomando como base, una convención tácita de responsabilidad, podrá ser aquí muy útil.

3° – ACCIDENTES QUE SE DERIVAN DE OTRAS CAUSAS, DISTINTAS DEL ENSAYO DE UN COCHE EN VENTA.

130.° Pasemos a los accidentes, que tienen lugar, durante los transportes, preparatorios de un contrato, fuera de los ensayos para la venta. Puede ocurrir, que el transporte tenga por objeto, ensayar automóviles o motocicletas, por razones distintas de su venta inmediata. Así, antes de entrar los mecánicos en las casas comerciales, para la venta de automóviles, deben efectuar ciertas pruebas. Puede ocurrir también, que el corredor, que ha de representar la marca de una casa, antes de entrar a su servicio, desee ensayar el coche, o bien, que el mecánico, monte con el propietario del automóvil, para darse cuenta de las reparaciones necesarias. La jurisprudencia sobre este punto, es bastante constante, ratificando la doctrina de la Sala de lo Civil de la Corte de Casación de París en 7 de enero de 1929, y con la cual no estuvimos conformes; pero en este caso, dicha solución se explica mejor. En una sentencia reciente, de la Corte de Montpellier, de 19 de enero de 1931 (Dalloz, Heb., 1931, 188), se resolvió el caso siguiente: Antes de representar la marca de un coche, cierta persona, monta en el automóvil de otra, para tomar parte, en el ensayo de velocidad; en cuyo momento, ocurre el accidente. La Corte de Montpellier, se abstiene de aplicar el artículo 1. 384 del Código francés. Habiendo participado gratuita y voluntariamente, en el uso del auto, es imposible invocar la presunción, que este precepto establece. El futuro representante de la marca, aceptó pues tácitamente, los riesgos de una conducción audaz, y deportiva. Sólo puede cargar, con la responsabilidad, el propietario del vehículo, si concurren las circunstancias del artículo 1. 382 del Código francés.

Esta solución, es más lógica aquí, que, aplicándose, al caso resuelto por la Corte de Casación. Ahora en efecto, puede hablarse, de aceptación tácita de los riesgos, por razones profesionales. Creemos que esta doctrina debe generalizarse, para los ensayos que se realicen con fines profesionales o deportivos, ya que el vendedor futuro de la marca, y los mecánicos, se hallan expuestos a este riesgo profesional. Evidentemente, que, en el ejercicio de sus funciones, quedaran además protegidos por la ley francesa de 1896, relativa a los accidentes del trabajo, mas no cuando se trate de trabajos efectuados por vía de ensayo, según luego veremos.

131º El transporte, puede tener un objeto distinto del ensayo del vehículo. Así ocurre, cuando para facilitar la conclusión del contrato, cualquiera invita a su futuro cocontratante, con el fin de que le acompañe en el coche. El Tribunal de Comercio de Saint-Étienne, examinó en 30 de mayo de 1930 *(Revue genérale des assurances terrestres,* 1930, pág. 1. 147), el caso siguiente: Un negociante de muebles, pidió a un ebanista, que le acompañase, en su automóvil, para recibir cierta expedición de mobiliario. En el curso del viaje, el negociante causó un accidente, del cual resultó herido el ebanista. El juzgador declara, que entre las partes, se había formado una convención *sui generis,* en virtud de la cual, el negociante, se obligó a conducir sano y salvo, al ebanista. No hay transporte benévolo, porque el traslado, se efectuó en interés del porteador, o de las dos partes. Esta decisión, teniendo en cuenta las necesidades de la vida práctica, supera la doctrina de la Corte de Casación. Sabido es, que en un caso parecido (ensayo para la venta), declaró, la existencia del transporte benévolo.

El Tribunal del Havre, juzgó un asunto análogo, en 30 de noviembre de 1930 *(Recueil de Rouen,* 1931, pág. 22), declarando, que cuando una persona, lleva a otra, en su coche, para que le dé ciertas explicaciones, en interés propio, del dueño del vehículo, es responsable del accidente, que pueda ocurrir al ocupante del automóvil, conforme a las normas del párrafo primero del artículo 1. 384 del Código francés. Esta decisión, no pretende, que la presunción establecida en el referido precepto, proteja solamente, a los que se encuentren fuera del coche. Mejor solución hubiera sido aplicar, como en el caso anterior, la noción de transporte, a título oneroso, puesto que se trataba, de un acto efectuado, en interés del porteador.

Capímtulo II

De otros accidentes que pueden tener lugar durante la preparación de un contrato

132.° Hemos visto en el capítulo anterior, que un gran número de accidentes, ocurridos durante la preparación del contrato, se relacionan con la noción del transporte. También hay numerosas hipótesis, en las que el accidente sobreviene en el curso de la preparación de los contratos, sin que se trate de un desplazamiento valiéndose de medios peligrosos.

Es posible, que, durante las conversaciones preliminares de una venta, por ejemplo, y al examinar el objeto enajenable, resulte herida una de las partes, o bien, que, durante la visita del inmueble, dispuesto para vender o arrendar, se produzca algún daño, el futuro contratante. Finalmente, y esto es de interés, porque hay una doctrina en la jurisprudencia, bastante censurable, el accidente puede producirse, cuando el obrero efectúa su trabajo, a título de prueba, para obtener un empleo. En tres grupos, estudiaremos estas cuestiones prácticas:

1 – Accidentes causados por los objetos mobiliarios.

133° En la primera parte de este trabajo, hemos dicho, que, durante las conversaciones preliminares, para una venta, la jurisprudencia alemana, aplica las reglas de la responsabilidad contractual, asimilando las conversaciones serias, a la venta misma. Tomemos algunas hipótesis de esta clase. Durante la demostración del funcionamiento de un objeto en venta, el futuro comprador, resulta herido; puede tratarse de un objeto, que en sí mismo no sea peligroso, como un armario, o bien de objetos, que puedan causar destrozos, por su cualidad explosiva.

La venta de cosas peligrosas, implica una obligación de garantía, pero es la garantía inherente al contrato de venta y concluido. Siempre se presenta la misma cuestión; durante los actos preparatorios, es preciso determinar, si la responsabilidad puede o no derivarse del contrato proyectado. En nuestra hipótesis, resulta muy difícil, pronunciarse por la afirmativa. El Tribunal del Imperio alemán, sin embargo, responde de esta manera. La jurisprudencia francesa, al contrario, se decidirá por la contestación en sentido negativo, fundándose en razones muy sencillas. Los Tribunales franceses tienen a su disposición un texto de interpretación fácil, el párrafo l. ° del artículo 1. 384 del Código de Napoleón, cuyos preceptos faltan en el arsenal legislativo alemán, donde se carece de textos especiales, para reglamentar casos determinados (accidentes de ferrocarriles, automóviles, buques, etc.). El Tribunal del Imperio, se ve obligado, por razones de equidad social, a traspasar la carga de la prueba, sobre el vendedor, que es quien se beneficia con los objetos que enajena. En Derecho positivo francés, no es necesario, que entre en juego, la responsabilidad contractual. Aplicando el párrafo l. ° del artículo 1. 384 del Código francés, se llega a conceder, a la víctima del accidente, una indemnización, sin necesidad de que pruebe, la culpa o negligencia, cosa delicada y difícil en la mayoría de los casos.

134.° La evolución de la jurisprudencia, en cuanto a la aplicación del artículo 1. 384 del Código francés, es útil de recordar en este trabajo. El principio rector está claramente expresado en una sentencia de la Corte de Casación de 19 de enero de 1914 (Sirey, 1914, 1, 128, y Dalloz, 1914, 1, 303). Se trataba de un simple sifón de agua de seltz, que, al explotar, hirió a un cliente, en la terraza de un café. El propietario del establecimiento, fue declarado responsable del accidente, según el artículo 1. 384 del Código francés: "Conforme a los términos del artículo 1. 384, se es responsable, no sólo del daño causado, por el acto propio, sino también, del que causen las cosas que están bajo nuestra guarda. Esta disposición de la ley, implica respecto del guardián de la cosa, una presunción de falta, que no puede ser destruida, más que mediante la prueba, de que el accidente se produjo, por caso fortuito, fuerza mayor o falta culpable de la víctima". Esta doctrina es muy clara y sencilla, para ser aplicada en los negocios preparatorios del contrato.

Siempre que la cosa, que constituya el objeto de un contrato eventual, cause un daño, a la persona que se interesa, por conocer su funcionamiento, el propietario actual, que hace la demostración por sí mismo, o valiéndose de un dependiente, es responsable de la guarda de dicha cosa, y por tanto también, de los accidentes que puedan ocurrir. La víctima del daño, sólo está obligada a probar, el acto material que constituye dicho accidente, y el perjuicio sufrido. El propietario de la cosa, podrá librarse de la responsabilidad, sólo en los tres casos especificados en la sentencia: fuerza mayor, caso fortuito y falta culpable de la víctima. En consecuencia, es imposible, que pueda alegar prueba, para demostrar, que no cometió ninguna falta, y que fue prudente, ya que esto constituiría una prueba negativa, insuficiente para justificar los tres casos de exoneración.

En sentencia, de las Salas reunidas, de la Corte de Casación de París, pronunciada en 13 de febrero de 1930, se adopta enteramente, la misma doctrina, sin admitir tampoco, más que los tres expresados casos de exoneración, y quedando la prueba a cargo del guardián de la cosa.

La causa de exención de responsabilidad, derivada. de la culpa o negligencia de la víctima, es particularmente interesante, para el objeto de nuestro estudio. ¿Cómo podrá alegar dicha falta, quien enseña una cosa, en el momento de preparar el contrato? Es esta una cuestión de hecho muy delicada. Haciéndose la demostración de una cosa peligrosa, explosiva, por ejemplo, el vendedor advierte al futuro comprador, para que no toque en determinado lugar; a pesar de la advertencia, éste pone la mano, en el punto prohibido, y el accidente se produce, resultando con lesiones. Antes de ausentarse por un momento, el vendedor, advierte a los interesados, que no deben manipular en el objeto, durante su ausencia; por no conformarse con estos consejos, el accidente sobreviene. Véanse, pues, algunos casos, en los cuales, podrá hablarse, con reservas, de culpa o negligencia por parte de la víctima; todo depende de las circunstancias del momento. Frecuentemente, la imprudencia de la víctima, permitirá al guardián de la cosa, atenuar su responsabilidad, ya que en parte debe ser soportada por el mismo perjudicado. Esta solución, aplicada al caso, del accidente, derivado de las cosas, objeto de una venta, en preparación, se acomoda, a la interpretación ordinaria, del artículo 1. 384 del Código francés.

En algunos casos, podrá estimarse que el futuro comprador, acepta de un modo tácito, y parcialmente, los riesgos que se derivan del ensayo, de cosas particularmente peligrosas. Así ocurriría, si por ejemplo se tratase, de una expedición de municiones.

135.° La misma doctrina, puede extenderse, a todos los casos similares, en los cuales, se produzca un accidente, provocado por el objeto mueble exhibido o ensayado, con motivo de la preparación de un contrato.

Tal es el caso de una máquina, que se prueba para su arrendamiento, máquina de vapor, agrícola, etc. Esta misma será la solución, para el caso, de que se confíe un objeto peligroso, al futuro depositario. Ejemplo, la explosión del motor del automóvil, introducido en un garage, con el fin de dejarlo en el mismo depositado. En este caso, la culpa o negligencia de la víctima, es fácil de probar, teniendo en cuenta sus conocimientos profesionales.

En la práctica, se presentan numerosos casos de accidentes de este género, ocurridos en el curso de la preparación de los contratos. En principio, puede resolverse la dificultad, aplicando el artículo 1. 384 del Código francés, tal como se interpreta por la jurisprudencia.

2 — ACCIDENTES QUE TIENEN LUGAR DURANTE LA VISITA DE UN INMUEBLE.

136.° Los accidentes, en el curso de la preparación de un contrato, pueden sobrevenir, en el momento de la visita del inmueble, casa o terreno, que forma el objeto del futuro pacto, y aun sin que el objeto principal de la visita del inmueble sea su adquisición o arriendo. Por ejemplo, para otorgar un contrato cualquiera, penetro en el inmueble de mi futuro cocontratante, para adquirir un coche; entro en el garage, y caigo en una fosa; para tratar de un negocio, visito a otra persona, y por estar la escalera mal iluminada, tropiezo y resulto con heridas.

La responsabilidad en materia inmobiliaria, se rige por el artículo 1. 386 del Código francés, donde se establece, que "el propietario de una obra, es responsable, del daño causado por su ruina, cuando ésta sobreviene, por consecuencia de su defectuoso entretenimiento, o por vicios de construcción." La ley, pues, declara que existe una presunción de culpa, contra el propietario del inmueble, semejante a la que establece, en el artículo 1. 384, respecto del guardián de las cosas muebles. Mas para que esta responsabilidad pueda nacer, es preciso justificar, que el accidente se produjo, por consecuencia de una defectuosa conservación, o de la ruina de la obra, derivada de un vicio de construcción.

Tomando este texto, al pie de la letra, sólo es aplicable, a las obras, pero hoy se estima, que la expresión comprende también, tanto a los inmuebles, como a las obras propiamente dichas, con todos sus accesorios (ascensores), los terrenos para construir, las bodegas, y, en una palabra, a toda clase de inmuebles, que pueda servir, para la explotación humana. Por tanto, de esta noción general, podemos deducir, que siempre que una persona entre en el inmueble de otra, para preparar un contrato, y resulte víctima de un accidente, podrá reclamar la correspondiente indemnización, alegando la responsabilidad objetiva, que establece el artículo 1. 386 del Código francés.

Es indiferente, que dicho accidente, se produzca en un campo, en un solar para edificar, en una bodega, ascensor, escalera o pieza de la casa. Siempre está obligado el propietario, a efectuar las reparaciones, conforme a las reglas del artículo 1. 386 del Código francés. En la aplicación de estos preceptos, más frecuentemente, se presentará el caso, de que el propietario, deje de emplear la diligencia necesaria, en el cuidado y conservación de los inmuebles. Se puede decir, que el propietario no cuida suficientemente de sus cosas, cuando se hallan en situación de producir un daño. Las aplicaciones prácticas de esta idea, son numerosas, como, por ejemplo, la obligación que tiene el propietario, de montar en los ascensores, los dispositivos de seguridad más modernos, de iluminar los corredores y escaleras, de cubrir las fosas, etc., etc.

137.° La más reciente jurisprudencia, no parece que distingue, entre los accidentes provocados, por las cosas muebles e inmuebles. Una sentencia de la Corte de Casación de París (Chambre des Requêtes), de 6 de marzo de 1928 (Dalloz, 1928, 1, 97), admite la aplicación del artículo 1. 384 del Código francés, en un accidente de ascensor. La palabra *cosas*, que emplea la ley, igual se refiere a los muebles que a los inmuebles. Esta doctrina, es particularmente interesante, para las víctimas de los accidentes.

Puede decirse, que hay en principio, una responsabilidad, a cargo del propietario, por todos los accidentes, cuyas víctimas, son personas que entran, con determinado objeto serio, en su inmueble, puesto que dichos accidentes se derivan, de la defectuosa conservación de la finca.

138.° Como se trata de una responsabilidad a base objetiva (vicio de construcción o defectuosa conservación), debe preguntarse si la culpa o negligencia de la víctima, exonera al propietario. El comprador eventual, cae en la fosa, a pesar de que la persona que enseña la finca, le advierte del peligro. En buena lógica, desde el momento, en que la obligación existe, a cargo del propietario, no puede librarse, de ella, porque siempre resultará, que los daños proceden, de no hallarse cubierta la fosa; pero como puede suceder, que exista culpa o negligencia, por parte de la víctima, el Juez deberá dividir la responsabilidad, concediendo una indemnización más atenuada. (En este sentido, Tribunal del Sena, 8 de junio de 1907. Dalloz, 1907, 5, 45).

3— DE LOS ACCIDENTES QUE TIENEN LUGAR DURANTE UN TRABAJO EJECUTADO COMO ENSAYO.

139.° Pueden ocurrir diversos accidentes, en el curso de los ensayos preliminares ejecutados para la conclusión de los contratos de trabajo. La solución en estos casos resulta muy delicada, porque la jurisprudencia es bastante contradictoria, sobre la noción del trabajo a ensayo. Hay ciertas fábricas e industrias, que exigen de los obreros, que ejecuten algunos trabajos preliminares, para comprobar su aptitud, antes de formalizar el contrato de trabajo. La duración de estos ensayos varía, según los usos locales. Se cita como ensayo, particularmente largo, el que exigen las famosas fábricas de óptica Zeiss, donde su duración alcanza, a mi mes entero. Lo más frecuente, es que dure algunas jomadas de trabajo. Desde el punto de vista jurídico, las labores efectuadas por el obrero, con el fin de comprobar su aptitud profesional, y llegar a la perfección del contrato de trabajo, pueden ser calificadas, como actos preparatorios y preliminares del contrato. Es posible que, en el curso de estos ensayos, ocurra un accidente, cuya víctima sea el obrero. Siempre, podrá obtener indemnización, probando que el patrono incurrió en culpa o negligencia, más esta prueba será difícil. Desgraciadamente, la jurisprudencia francesa, no es favorable al obrero, en este caso, y distinguiendo, entre el contrato de trabajo, y los trabajos a título de prueba o ensayo, sólo aplica los preceptos de la Ley de 9 de abril de 1898, en el primer caso. Por consecuencia, los accidentes del trabajo ocurridos durante la prueba, no son indemnizables, más que conforme a las reglas generales del Derecho civil[5].

140.° El Tribunal del Sena, en 6 de Junio de 1921 *(Gaz. Trib.,* 1921, 2, 648) examinó el caso siguiente: Ocurrido un accidente durante el ensayo obligatorio, en la fábrica Citroën, el obrero pidió indemnización, fundando su demanda, en los preceptos de la Ley de 1898. El Tribunal, para acoger estas pretensiones, se fija más, en el hecho del trabajo, que en el futuro contrato definitivo esperado. Sus fundamentos son los siguientes:

a) La ley que prevé los accidentes derivados del trabajo, no hace ninguna distinción, que permita excluir, los accidentes del período de ensayo, cuando las labores se efectúan, bajo la dirección del jefe de la empresa, y contribuyen a los negocios de ésta.

b) En el trabajo realizado como de ensayo, hay un contrato de trabajo, por un día, con facultad por parte del patrono, para despedir al obrero, si no le conviene su labor, y la esperanza para el obrero, de que dicho contrato efímero, sea renovado.

141.° Estos argumentos, bastante ingeniosos, no convencieron, sin embargo, a la Corte de París, quien con fecha 5 de febrero de 1923 *(Gaz, Trib.,* 1923, 2, 293) desestima las reclamaciones de otro obrero. Se trataba de una persona, que hacía sus pruebas de aptitud, en una Compañía de transportes. Las pruebas efectuadas por un obrero o empleado, a título puramente voluntario, y gratuito, cree el Tribunal que no constituyen con trato de trabajo. "No existe entre el actor, y la Compañía, ningún contrato de arrendamiento de servicios. No puede asimilarse a los aprendices, porque éstos, aunque dejen de retribuirse, están ligados a su patrono, por un contrato de trabajo. En este caso, no es así, el empleado había venido simplemente, para ponerse al corriente del servicio, y sin ninguna obligación para las partes".

En nuestra opinión esta doctrina es censurable, porque pone en situación de inferioridad, a un obrero o empleado que trabaja igual que los demás. Participando en la obra de la empresa, bajo la autoridad del patrono, tiene derecho durante este período preparatorio, a la misma protección que los otros operarios. Si se analiza bien esta situación, como ha efectuado el Tribunal del Sena, se observará, que hay un contrato de trabajo, de duración indeterminada, habiendo una remuneración para el obrero, esta solución

---

5 SACHET: *Traite des accidents du travail.* Séptima edición. París, 1926. Sirey, I, núms. 184 y 317.

parece incuestionable; remuneración siempre existe, puesto que al fin espera ser admitido como operario permanente.

Desde el punto de vista económico, sólo podrá fundarse, la inaplicación de la Ley de 1898, sobre accidentes del trabajo, en lo siguiente: Generalmente el trabajo a ensayo, es improductivo, para el patrono, quien lo hace ejecutar, sólo para darse cuenta, de las condiciones del obrero. Mas este argumento, resulta poco vigoroso, y debe ceder ante consideraciones del orden social, ya que el legislador, quiso proteger el acto del trabajo, y no crear una relación, entre el beneficio del trabajo, y su protección.

142.° La doctrina francesa, es en su mayoría partidaria, de que la Ley de 1898, sobre accidentes del trabajo, se aplique también, a los trabajos efectuados como prueba o ensayo[6]. La jurisprudencia, sin embargo, no sigue esta orientación. En una decisión reciente, del Tribunal del Sena, dada en 21 de junio de 1929 *(Semaine juridique*, 1929, pág. 1. 228), se hace depender, la naturaleza del trabajo, realizado como ensayo, del régimen del contrato que se prepara. No hay contrato de trabajo, si después de las pruebas, no es admitido definitivamente el obrero. La Corte de Casación, tiende a estimar, que existe un verdadero contrato de trabajo independiente, cuando las pruebas, a que está sometido el operario, son largas y remuneradas.

En materia de plazos de despido, obligatorios, según la Ley francesa de 19 de Julio de 1928, la Sala de lo Civil, pronunció dos sentencias en el mismo sentido: una de 19 de noviembre de 1929 (Dalloz, Heb., 1930, 21), y otra de 9 de diciembre de 1929 *(Gaz. Pal.*, 1930, 1,311), casando la decisión del Tribunal del Sena de 21 de junio de 1929. Por razones de equidad social, es probable, que, si hoy se presenta la cuestión de los accidentes, ante la Corte de Casación, quede asimilado el período de ensayo, al verdadero y definitivo contrato de trabajo.

---

6 Sachet: *Obra cit.* I, núm. 173

Conclusión

143.º El estudio de la jurisprudencia, relativa al objeto de nuestro examen, nos permite comprobar, que es favorable, al principio que afirma, la existencia de una obligación, de reparar los perjuicios causados, en el curso, de la preparación del contrato. Esta obligación, reconocida por la mayoría de la doctrina, existe pues, en el terreno de la práctica, donde se tiende a reparar, las pérdidas patrimoniales, derivadas de la preparación de los contratos, y a indemnizar, los accidentes que surjan, durante este período.

144.º Si la doctrina y la jurisprudencia, están de acuerdo sobre la existencia de la obligación, no ocurre lo mismo cuando tratan de determinar su verdadero fundamento jurídico.

La teoría, establece por lo general, que nos hallamos, frente a una responsabilidad de tipo convencional o legal. La jurisprudencia, por el contrario, estima, que nuestra obligación se deriva, de los artículos 1. 382 y siguientes del Código francés, o sea que tiene una base delictual. En algunos casos, sin embargo, la jurisprudencia francesa, aplica tímidamente, los principios, que, saliendo del cuadro de la responsabilidad delictual, van a entrar en el área de la responsabilidad contractual, o legal.

Así ocurre, en los depósitos de objetos, con el fin de concluir un contrato; en el derecho de los arquitectos, a recibir una remuneración; en la partición, de los gastos preparatorios, realizados con motivo de la constitución de Sociedades; en la reparación de ciertos accidentes de automóviles, y en el enriquecimiento injusto. Para fundar la obligación precontractual, sobre la noción de culpa, la jurisprudencia francesa, suele útilmente apoyarse, sobre los textos de la ley, dándoles una interpretación acertada, que permite reparar, la mayor parte de los perjuicios causados (artículos 1. 382, 1. 383, 1. 384, 1. 385 y 1. 386 del Código francés).

Los artículos 1. 382 y 1. 383, que conocen hoy, una interpretación, de las más amplias, sobre todo por la aplicación constante, de la noción del abuso del derecho, realizada por la jurisprudencia, permiten indemnizar, a la parte que realizó gastos inútiles, para la preparación del contrato, cuando éste al fin no se perfecciona. A la doctrina que afirma, que quien usa de su derecho, negándose a otorgar el contrato proyectado, no comete ninguna falta, puede responderse hoy, alegando, que no es lícito, abusar del ejercicio de los derechos, o hacer un uso negligente de los mismos. La aplicación de estas ideas, ha permitido, según hemos visto, que se conceda una indemnización, aun en el caso de no precisarse la falta cometida. Los artículos 1. 384, 1. 385 y 1. 386 del Código francés, permiten de una manera feliz, llegar a la reparación de los accidentes ocurridos durante los preliminares de un contrato, sin que la víctima tenga que soportar la carga de la prueba, como ocurriría si se aplicasen los artículos 1. 382 y 1. 383 del mismo cuerpo legal. Cuando se trata de accidentes causados por los animales, o las cosas muebles o inmuebles, la reparación del perjuicio, parece así bien fácil.

145° Si este sistema general de la jurisprudencia francesa, buscando las fuentes de la responsabilidad precontractual, en los cinco artículos del Código civil antes citados, conduce a resaltados prácticos aceptables, no es posible pasar en silencio sus lagunas, puestas de manifiesto claramente, a pesar de que el sistema en apariencia es unitario. Estas grandes lagunas son tres.

En primer lugar, la solución en materia de empresa; el contratista o empresario, no puede en principio, reclamar indemnización, por sus trabajos y gastos preparatorios. A pesar de las atenuaciones que sufre esta regla, mediante la noción del enriquecimiento injusto, no es satisfactoria la situación. La jurisprudencia hace una excepción, respecto de los arquitectos, que ejercen una profesión liberal, y cuyos trabajos preparatorios, se conceptúan protegidos, por la responsabilidad contractual, derivada del arrendamiento de obra. ¿No podría extenderse esta solución, al contratista o empresario, que efectúa gastos preparatorios del contrato, a consecuencia de conversaciones preliminares, serias y concretas?

Pondremos en seguida de relieve, que no nos parece equitativa, la solución dada por la jurisprudencia francesa, en materia de ensayos, para la venta de automóviles, cuando la víctima se instala en el coche, Sabemos que, en este caso, los Tribunales sólo ven, un transporte benévolo, por lo que, excluyendo la aplicación, del artículo 1.384 del Código francés, sólo conceden indemnización, al amparo del artículo 1. 382 del mismo cuerpo legal, mediante prueba de la culpa o negligencia, atribuida al demandado. Esta discutible solución, podría ceder, ante la consideración, de que existe, una responsabilidad convencional tácita, a cargo del vendedor, quien resulta en el fondo remunerado, porque el transporte se efectúa, con la esperanza de vender el coche.

En fin, una solución particularmente censurable, es la que tiene lugar, cuando se trata de accidentes del trabajo ocurridos durante las labores efectuadas para probar la capacidad profesional del obrero. Aquí, la aplicación de la Ley de 9 de abril de 1898, sería útil, equitativa, y conforme a las exigencias de la práctica.

146.° Creemos, que, en los tres casos, podría fácilmente, la jurisprudencia francesa, aplicar la responsabilidad contractual. Cuando en una materia como la nuestra, no existe ninguna ley precisa, la jurisprudencia puede fácilmente tomar sus argumentos de todos los textos que encuentre a su disposición. Para remediar estas tres lagunas, los Tribunales, no tienen que variar completamente su sistema, basta sólo con que se admita un fundamento de naturaleza contractual, como excepción del principió delictual, adoptado en los demás casos.

147.° El estudio de la doctrina y de la jurisprudencia, nos permite llegar a una conclusión, quizá algo falta de lógica, pero que se esfuerza, en tener en cuenta, las exigencias de la vida de los negocios.

Cuando pueden resolverse las dificultades, aplicando, las convenciones existentes entre las partes, los principios de la gestión de negocios, o del enriquecimiento injusto, la cuestión relativa a los gastos y trabajos preparatorios de un contrato, encuentra fácil solución. Por esta razón, es de aconsejar, a las personas que entran en conversaciones preliminares, que prevean desde el principio las dificultades.

Si de este modo, no resulta posible llegar a determinar quiénes deben cargar, con los desembolsos inherentes, a la preparación del contrato, es verdaderamente, cuando se presenta el problema. Para solucionarlo, dentro del sistema del Derecho francés, debemos acudir en primer término, a la noción de culpa extracontractual o aquiliana, procurando deducir el mayor número de argumentos, para que los perjuicios causados, no queden sin la debida reparación. Dando a los textos legales, una interpretación amplia, e inspirándose en los principios de la equidad, y, sobre todo, en las necesidades de la práctica, y en las repercusiones económicas de la solución, es fácil que el juzgador siga una línea de conducta, que conduzca a consecuencias justas.

Cuando sea imposible hallar soluciones equitativas, mediante la interpretación lógica y social, a la vez, de los preceptos legales, creemos, que, sin duda alguna, deben los Jueces ensayar, una base de reparación contractual, interpretando la voluntad presunta de las partes. Así obtendremos consecuencias lógicas, y de gran utilidad social.

Si no podemos llegar a la reparación, empleando alguno de estos sistemas, parece indudable, que los gastos, desembolsos y perjuicios, deben quedar a cargo del demandante, sea como riesgo de la especulación, sea como resultado de su imprudencia.

Nuestra solución, bastante moderada, se encuentra en gran parte satisfecha, por la jurisprudencia francesa.

148.° Una última observación, antes de concluir:

Hemos visto, que, en las diferentes teorías propuestas por la doctrina, hay opiniones distintas, en cuanto al importe de la indemnización, que debe concederse. Unos pretenden, que es preciso tener en cuenta a la vez, la pérdida efectiva, y la ganancia que falta; otros, por el contrario, sólo admiten la reparación de los gastos efectuados, en interés común de las partes (Faggella, por ejemplo).

Esta es una cuestión muy delicada. Morel, que observó las dificultades, dice así: "Las personas que sufren las consecuencias, de que otra se niegue a contratar, seguramente, se verán tentadas a pedir, grandes cantidades, cuando se les conceda el derecho, de reclamar la reparación de los daños y perjuicios. Para calcular el importe de la indemnización, es preciso tomar una base objetiva del perjuicio. Cuando una persona rechace sin interés legítimo, las conversaciones preliminares, su responsabilidad resulta, desde que invitó, a entrar en negocios con ella, al público en general o a una categoría de personas. Solamente los gastos, y alteraciones costosas, deben tenerse en cuenta para calcular la indemnización"[1].

El estudio de la jurisprudencia nos demuestra, que sólo tiene en cuenta, el perjuicio real, la pérdida o el daño efectivo sufrido por el demandante;

---

1 MOREL (R. L.): "Du refus de contracter en raison de considerations personnelles", en *Revue trimestrielle,* 1908, págs. 289 y siguientes.

quedando esta cuestión, a la exclusiva apreciación, de los Jueces de hecho. Es una solución fácil; la valoración del perjuicio futuro falta, porque resulta más complicada. Siguiendo el sistema jurisprudencial, sólo se tienen en cuenta, los gastos efectuados, en interés común de las partes.

149. ° El problema de la preparación de un contrato, y todas las cuestiones espinosas, que del mismo se derivan, constituyen materia, donde los Jueces de hecho, pueden efectuar una labor creadora positiva. Hasta el presente, la jurisprudencia francesa en general, ha cumplido exactamente su misión en este punto, salvo en los casos destacados antes; esperamos, que las realidades prácticas, convencerán a los Jueces, de la necesidad de reemplazar las soluciones criticadas, por otras más equitativas.

Las obligaciones precontractuales
de Arthur Hilsenrad se imprimió
en la República Argentina en enero de 2019

www.ingramcontent.com/pod-product-compliance
Lightning Source LLC
LaVergne TN
LVHW082239051026
849532LV00012B/4052
* 9 7 8 9 5 6 3 9 2 1 9 8 4 *